ゴルフ 次のラウンドから結果が出る
パッティングの新しい教科書

小野寺 誠

JN136293

青春新書
PLAYBOOKS

はじめに　グリーン上で輝くプレーヤーになる！

パッティングが上手い人とそうでない人の違いは、どこにあるのでしょう？　それを知ることとは、パッティングが上手くなるためにとても重要です。

まず、パットが上手い人はグリーン上で輝いています。ボールがカップインするかしないかは別にして、立ち居振る舞いそのものが美しく、歩いている姿からボールを転がすまでの仕草が上手く見えるのです。それは技術的なもの（スムーズで反復性の高いストロークなど）や、その人の実績やハンディが影響することもあるでしょう。もしくは、その人が全身から醸し出している自信満々な雰囲気によるのかもしれません。

でも、私はもっと別の理由があると考えています。

「パッティングが上手い人というのは、傾斜との向き合い方が上手い」

「ライン読みは、ボールとカップを結んだ線に対して自分がどこに立つかで決まる」

ラインをどこから見てどこで感じるかによって傾斜の見え方は変わり、イメージされるラインも変わってきます。つまり、傾斜を読み切るには、それにふさわしい場所に立っている必要があるわけです。

それに対して、パッティングが上手くない人は、そこからでは正しい傾斜が見えない場所、読み切れない場所にいます。つまり、いるべき場所にいないのです。そういう場所で景色を見ているとパッティングは上手くならないし、まわりからも上手く見られません。

逆に言えば、ゴルフを始めたばかりの人でも、グリーンに上がっていく過程やラインに近づいていく道筋を変え、ラインの見方を変えただけで景色は変わって見えます。見える景色が変わればラインの見え方が変わり、上手い人に近づくことができるのです。

この本ではパットの上手い人たちが何を見て、何を考え、何をやっているのかを中心に話を進めていきます。意識的か無意識かにかかわらず、パット巧者たちが時間をかけて経験のなかで手に入れてきたものを計画的に、順序だててやっていく。そうすることで、パッティング技術は短時間で向上できます。

1ラウンドに費やす打数の65～70%は100Y以内のショットだと言われています。そして、パッティングはそのうちの半数以上。スコアが100の人であれば、実に40打以上がパッティングによるものなのです。

一方、ドライバーの打数は基本的に14打。打ち直しやOBが数回あったとしても、16～17回しか打つことはありません。どちらの数字を減らすほうが楽なのかといえば、考えるまでもありません。ゴルフが上手くなりたい。スコアを縮めたい。そう考えるのであれば、パットから始めない理由はないのです。

この本を読んだ後のあなたは、パットが上手い人たちが自分とは違う、どんなことをしていて、それが何を意味するのかがわかるようになるはずです。それがわかれば、あなたは今より確実にパッティングスキルが上がるでしょう。

この本を読んで、ぜひグリーン上で輝くプレーヤーになってください。そしてスコア、ハンディをアップして目標を達成してください。そのお手伝いができれば幸いです。

プロゴルファー　小野寺誠

ゴルフ 次のラウンドから結果が出るパッティングの新しい教科書 ［目 次］

プロローグ

パッティングが上手くなるのに絶対に必要なこと

第1章

アドレス&ストローク

第2章

タッチ

第3章 リーディング

第4章

1mに強くなる

第5章

パター選びと実戦の心得

構成　乃木坂魚紳
写真　富士渓和春
本文イラスト　中村知史
本文DTP　センターメディア

プロローグ

パッティングが上手くなるのに絶対に必要なこと

常に読み切ろうとすることが上達につながる

「パットは経験である」などと言われます。パッティングというのは、多くラウンドをこなし、経験を積み重ねていった者だけが上手くなれる、という意味です。

とはいえ、ただ単にたくさんラウンドすればパッティングが上手くなれるのかというと、そんなことはありません。10年以上の経験があるのに、なかなか上手くなれないと悩んでいる……。そんな人がみなさんの周りにもたくさんいるはずです。つまり、漫然とラウンド数を増やすだけでは、パッティングは決して上手くなりません。

では、どうしたら効率よく、短時間で上手くなれるのか。大事なのは「質の高い経験」を積み、それを丁寧にコツコツと積み上げていくことです。それこそが、パッティング上手になる秘訣であり、それ以外に上達の道はありません。

まして、この本を手にとったあなたは、早く上手くなりたい。いますぐにでも上手くなりたい。3パットを減らし、確実にパーパットを沈めて、早くシングルになりたい。そう考えているはずです。そうであるなら、「より質の高い経験」を積み重ね、シングルへの近道を模索する必要があるわけです。

私はパッティングが上手くなるためには「読み切ること」が大切だと考えています。正確に言えば、ボールからカップまでのスピードとラインを、常に読み切ろうと努力し、読んだラインに対してイメージしたストロークをやり切る。この、スキルを上げていくためのプロセスを大事にするのです。

このプロセスこそが、「質の高い経験」を積むことにつながります。常に、完全には読み切れなくても、今日より明日、明日よりも明後日と、ひとつでも多くのラインを「読み切れる」ようになろうとする。

そういう経験を積み上げていくことで、人よりも早く、確実にパッティング上手に近づくことができるのです。

パットが上手い人

「読み切ること」でいい経験を積み重ねていく

パットが下手な人

漫然とプレーしているので経験を糧にできない

読み切ればラインが見えてくる

では、「読み切る」とはどういうことでしょう。かつて、パットの名手と呼ばれたブラッド・ファクソンは、あらゆるラインが溝のように見えたと言います。そこに思ったタッチでボールを打ち出すことさえできれば、高い確率でカップインするわけです。

ファクソンに限らず、パッティング名手たちはみな「ラインが見える」と言います。この「ラインが見える」状態こそが、「読み切った」ということです。言葉とエピソードだけを聞くと信じられない人がいるかもしれませんが、それは決してオカルトのようなものではなく、スキルと経験に裏打ちされた結果なのです。

実は、パッティングでは読み切らなくてもカップに入ることがあります。残り1mの、1カップ左に曲がるラインをストレートに読んだとしても、カップ1個ぶん右に押し出したらカップインするからです。ただ、そういう「読み違い」＋「打ち間違い」で入る経験を積んだとしても、パットが上手くなることはありません。

繰り返します。大事なのは、常に「読み切ろう」とすること。「読み切って入れる」経験を増やしていくことです。もちろん、複雑なラインになれば、プロでも読み切ることは難しくなります。そんなラインでも、パッティングが上手くなりたいのであれば、ただ「入れたい」「入ったらいいな」ではなく、「読み切って入れよう」とする。そういう姿勢でいることが上達につながっていくのです。

すべてのラインを読み切ることは難しいかもしれません。でも、単純で短いラインはもちろん、どんなラインも読み切ろうとする。1本でも多くのラインを読み切るために、知識を身につけ、その経験を積む。そして、自分の読みと実際のラインの誤差を認識し、次はそれを小さくしようと読みを修正する。このプロセスを繰り返すことで、自然にパッティングのスキルが上がっていくわけです。では、具体的にどうしたら「読み切れるようになる」のか。その方法を次ページから紹介していきます。

パットが上手い人

「ラインが見える」と言えるほど読み切ろうと努力する

パットが下手な人

難しいラインになるとカンにまかせて何となく打つ

ラインを決めるのはタッチ（距離感）を決めてから

パッティング上達のために磨かなければいけないのが、「タッチ（距離感）」と「リーディング（ライン読み）」の技術です。

タッチというのは、残った距離に対して、適正なスピードで球を転がすスキル。リーディングというのは、グリーンの傾きを正確に判断し、自分がイメージしたスピードで球を転がしたときに、どんなラインを描くかをイメージする力のことです。

では、このふたつを比べたとき、どちらが優先されるべきなのでしょう？

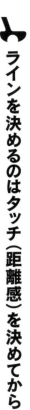

アマチュアゴルファーの方たちとパッティングについて話をしていると、リーディングを優先させる傾向が強いように感じます。つまり、常に正解となる1本のラインがあって、それに合ったタッチで打ってカップインさせるのがパッティングだというイメージです。

しかし、実はタッチが決まらなければラインは決まりません。同じ傾斜でも、強めに打てばラインは薄く（曲がりが小さく）なるし、弱めに打てばラインは厚く（曲がりが大きく）なります。このように、ラインはタッチによって変わるわけですから、リーディングよりタッチが優先されるべきです。

ですから、まずは距離に合ったタッチを出せるようにしましょう。そして、そのタッチに合わせたリーディング（ライン読み）の技術を磨く。これが、パッティングの精度を上げるための手順です。

ただし、距離に合ったタッチを出すためにも、読み切ったラインに球を乗せるにも、狙った方向にきっちりとフェースを合わせ、そこに打ち出す技術が必要になります。

そこで、この本では次のような順番で解説していきます。

①狙ったラインに正確に打ち出すためのアドレスとストローク
②的確な距離感（タッチ）を身につける方法
③ラインが読めるようになる（リーディング）の方法

フェースと体をターゲットに正確に向ける

まずラインに正確に球を打ち出す技術が必要だと言いました。そこで第1章では、そのためのアドレスとストロークを紹介しますが、実はアドレスの形や打ち方より大切なのがアライメント、つまりフェースと体をきっちりターゲットに向ける技術です。

なぜなら、パッティングはインパクトでフェースが向いた方向に球が打ち出されるからです。極端なことを言えば、アウトサイドインの軌道で打とうと、インサイドアウトの軌道で打とうと、どんなに奇妙な打ち方をしていようと、フェースがラインに対してスクエアでありさえすれば、球は狙った方向に打ち出さるのです（ただし、軌道が悪いと転がりが悪くなるため、タッチなどは不安定になります）。

そして、このスクエアインパクトの再現性を高めるには、アドレスのときからフェースと体をラインに合わせておく必要があるというわけです。

アライメントが安定し、フェースと体を狙った方向に向けられるようになると、クラブが動きたい方向に動きやすくなるので、クラブの動きによってヘッドがラインに対して真っすぐ上がり、真っすぐ出しやすくなります。

その結果、ゆがんだ軌道も修正され、リズムも安定しやすくなるというメリットも生まれてきます。アライメントというのは、そのくらい大事なものなのです。

アライメントの精度を上げる方法については第1章で詳しく説明しますが、パッティングが上手くなりたいのであれば、フェースと体をきっちりターゲットに向けるという訓練を欠かさないようにしてください。

根拠なく寄せたい、入れたいと願っていないか

パッティングの精度を上げようとするとき、必ずぶつかるのが心の問題です。練習グリーンでは普通に打てる1mが、コースに出ると怖い。大事なパットになるとしびれてスムーズに打てなくなる、などなど。メンタルの部分がパッティングに与える影響が大きいことは、読者のみなさんも気づいているのではないでしょうか。

これはいわゆる「ビビリ」に入った状態なのですが、この「ビビリ」の原因は、「過剰に入れたいと思う心」と「根拠なく寄せたい、入れたいと願う心」にあります。

たとえば同じ1mでも、1カップ外して狙うような大きく曲がるラインは、決してやさしいとは言えません。それを過剰に「入れたい」と思うから心がビビるのです。

難しいと感じたら、これは「10回打ったら何回入るだろう?」と考えてみてください。それが8~9回ならビビらずに打てるでしょうし、1~2回なら一生懸命読んでやり切って外しても、仕方がないと思えるでしょう。

このように、過剰に入れたいと思ったときには、自分が直面しているラインを客観的に値踏みすることが大切です。

これに対して、「根拠なく寄せたい、入れたいと願う心」が生まれるのは、寄せて入れる準備ができていないから。タッチが身についていないにもかかわらず、寄せたいと願っているのです。だから「大オーバー（ショート）するんじゃないか」とビビる。また、ラインを読む力が弱いにもかかわらず、入れたいと願う。だから「もっと曲がるんじゃないか（曲がらないんじゃないか）」と思ってビビるわけです。

このような「ビビリ」から解放されるには、やはりラインを読み切り、その読み切ったラインに、イメージしたタッチで打てるようになること、そのための訓練を積み重ねていくことが大切です。つまり、この本で紹介する技術をひとつひとつクリアしていくことこそが、「ビビリ」からの解放につながるのです。

パットが上手い人

パットの難易度を見極め
入らなくても心をゆらさない

パットが下手な人

外す恐怖心の裏返しで
どんなパットでも入れにいく

目標は1ラウンド30パット

この本では、シングルになることを最終目標としたパッティング技術の磨き方を紹介していきます。では、シングルになるには1ラウンドを何パットで回れるようにすればいいのでしょうか？

統計をとると、どんなレベルのゴルファーでも、1ラウンドのパット数はトータルスコアの約40％になります。スコアが100の人であればだいたいパット数は38〜42。平均すると40パットくらいで、36を切ることはほとんどありません。

これがわかると、自分の目標パット数が見えてきます。目標スコアが90であれば、「90×40％＝36」ですから、目標パット数は36回。80であれば「80×40％＝32」ですから32回。平均スコアが82を下回るとハンディ9が見えてきます。ということは、1ラウンド平均32パットを実現できれば、シングルクラスの実力を身につけたと言えるのです。

ただし、シングルクラスでもショットやアプローチが常に安定しているとは限りません。

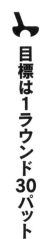

●目標スコアとパット数の関係

目標スコア	100	90	80	70
標準パット数	40	36	32	28
1ホール平均	2.2	2	1.8	1.6

シングルレベルでも、1ラウンドで平均すると6ホールしかパーオンせず、仮に2オンした6ホールを2パットで上がり、グリーンを外した残り12ホールのうち4ホールで寄せワンをとれば、1ラウンドのパット数は32。しかし、ミスをするホールもあるだろうし、寄せワンを4つとれない日もあるわけです。

それらのことも考え合わせ、確実にシングルハンディを維持できるスコアをマークするには、32パットから2打を引いた30。つまり、常にハーフ15＋ハーフ15＝30パットという数字を目標にすべきです。

スキルアップするには自分の現状を把握することが大切です。ですから、まずは自分が1ラウンド何パットで回っているのか、データをとってみるといいでしょう。すると、平均2パットで回ることが意外に難しいことに気づくはずです。そこで自分に足りないスキルを見つけ、その欠点をひとつひとつクリアしていく。そうすることでパッティングの技術が向上し、スコアアップ、ハンディアップにつながるのです。

プロローグのまとめ

◎漫然とラウンド数を増やすのではなく、「質の高い経験」を丁寧にコツコツと積み上げていく。

◎「読み切って入れる」という経験を増やす。トライ＆エラーのプロセスを繰り返すことで、自然にパッティングのスキルが上がる。

◎ラインはタッチによって変わるため、タッチを決めてからラインを決めるという手順になる。

◎フェースと体をきっちりターゲットに向ける訓練が不可欠。

◎自分が直面しているラインの難易度を客観的に判断する。

◎1ラウンドを30パットで回ればシングルが見えてくる。

第1章

アドレス&ストローク

自分に合った構えとストロークを見つけよう

「パットに型なし」と言われます。これは、上手いプロであっても、みんなグリップもストロークも一人ひとり違う。だから、型（＝ひとつの答え）などないという意味です。

たしかに、グリップひとつをとっても、プロによって握り方はまったく違いますし、スタンスが広い人もいれば、狭い人もいる。手首を使う人もいれば、そうでない人もいるというように、どこにも答えはないように思えるかもしれません。

しかし、実はそれぞれの形や動きの中には、必ず「そうすることによる効果」が隠されているのです。そして、そのたくさんの形の中から自分に合ったものを見つけ出すことが、パット上手になるために必要だと私は考えています。

そこで、この本ではひとつの握り方や打ち方をおすすめするのではなく、さまざまな形の中から、自分に合ったものを見つけ出す方法を紹介していきます。人によっては、「パットはこうやって握って、こうやって打て」と決めてもらったほうが楽だ、と考える方がいるかもしれません。しかし、人によって体型や体の硬さ、感性、リズム、すべてが違うわけです。ですから、握り方も構え方も打ち方も、ひとつに限定するより、自分が気持ちよく打てるものを見つけ出すことが大切になります。

アドレス
左手は肩の真下。ヒジから先は真っすぐに

目をつぶってストロークしたとき、ヒジや肩が突っ張らない構えであることが大切です。「こう構えなくてはいけない」という決まりはありませんが、手でボールを転がすように、感性が伝わりやすく再現性が高いストロークをするために、「ここだけは押さえておきたい」というポイントがあるので、それを紹介しましょう。

まず、左手は肩の真下にくるようにしてください。これは、ヒジを曲げて構える人も、伸ばして構える人も同じです。そうすることで、ストロークをしたときにリラックスしたまま左手が肩の下に戻るので、再現性の高いストロークを実現しやすいのです。左手が肩より外に出ていたり内側に入っていたりすると、ストロークの軌道が安定しないので注意してください。

次に、ヒジからヘッドまでが一直線になっているかどうかをチェックしましょう。これは、ヒジでパターの重さを感じて一体感のあるストロークをするためにも、安定した軌道

でストロークするためにも重要なポイントです。ヒジからシャフトの間に角度があると、手先に頼った不安定な軌道になりやすいので、一直線でない人は鏡などでチェックし修正してください。

この本を読んでいる方は、ある程度経験があって、自分なりの構えができあがっていることも多いかと思いますが、念のため、基本的なアドレスの作り方も紹介しておきます。

アドレスの作り方

①両足を揃え、真っすぐ立つ
②直立したままでスタンスを広げる（両足の間隔は靴2足ぶんが目安）
③ヒザを伸ばしたまま股関節から前傾し、ややつま先に体重を感じる
④そこから骨盤の前傾角度を変えず、ヒザを軽く曲げ、足の裏全体に体重がかかるようにする

ボール位置

目の真下より少し前になるようにする

良いアドレスがつくれるようになったら、ボール位置をチェックしてみましょう。基本的には、目の真下より少し外側がボール位置の目安。目の真下から、ボール2個ぶん外までが許容範囲です。前ページで紹介した構えでこの位置にボールを置くことができたら、それだけで再現性の高いストロークがしやすくなるはずです。

ボールが目の真下より体に近いと、テークバックが外に上がって、フォローが外に抜けるようなストロークになりやすくなります。目の真下からボール2個ぶん以上遠いと、テークバックとフォローがインに入りやすくなります。これだと軌道が不安定になりやすく、スクエアにボールをとらえにくいので注意してください。

自分でボール位置をチェックするときは、目のあたりから棒を吊るしてみます。もしくは、アドレスした状態で、目のあたりからボールを落としてみるのもいいでしょう。ボールの落ちた場所で自分のボール位置が確認できます。

ボール位置が悪いのは、アドレスが悪い、もしくはパターの長さが自分に合っていない証拠です。ボールが内側に入る人は、ヒザが曲がりすぎてお尻が下がった構えになっている可能性が高いので、前項の要領で、骨盤を前傾させた構えをつくるように心がけてみてください。ボールが外に出る人は、ボールを直視しようとしてハンドダウンになっていて（両手が下がっていて）、前傾が深すぎる可能性があります。この場合は、体を起こし、少しクラブを吊るような意識で構えてみてください（自分に合ったパターの長さについては154ページで説明します）。

目のあたりから棒を吊るしてボール位置をチェックする

目のあたりからボールを落とし、どこに落ちるかチェックしてみよう

グリップ❶

自分の感性が鈍らない握りを探す

グリップの形はプレーヤーによって大きく異なります。トッププレーヤーでもさまざまな握り方をしているので、どう握ったらいいのかわからない人も多いでしょう。

もしあなたがグリップに悩んでいるなら、試しにショットと同じグリップで打ってみましょう。普段、オーバーラッピング（左手に右手小指を乗せる）やインターロッキング（左手人差し指と右手小指をからめる）であれば同じように握るのです。もしショットと同じグリップで打てるなら、これほどシンプルなゴルフはないからです。

しかし、パターは14本の中で一番総重量が重いクラブ。ショットと同じグリップで握るとどうしても左手首が甲側に折れて、軌道やタッチが不安定になりやすくなります。

その場合は、オーソドックスな逆オーバーラッピンググリップ（右手に左手の人差し指を乗せるグリップ）にして手首の使いすぎを抑えましょう。それでも手首が動きすぎるのであれば、クロスハンドグリップ（左手が下、右手が上になるグリップ）で握ります。

基本的に、「オーバーラッピング→逆オーバーラッピング→クロスハンド」の順で、手首は使いにくく、方向性、再現性、ショートパット重視になります。逆に、「クロスハンド→逆オーバーラッピング→オーバーラッピング」の順で、右手のフィーリング、距離感、ロングパット重視になります。自分に合ったグリップを探してみてください。

オーバーラッピング

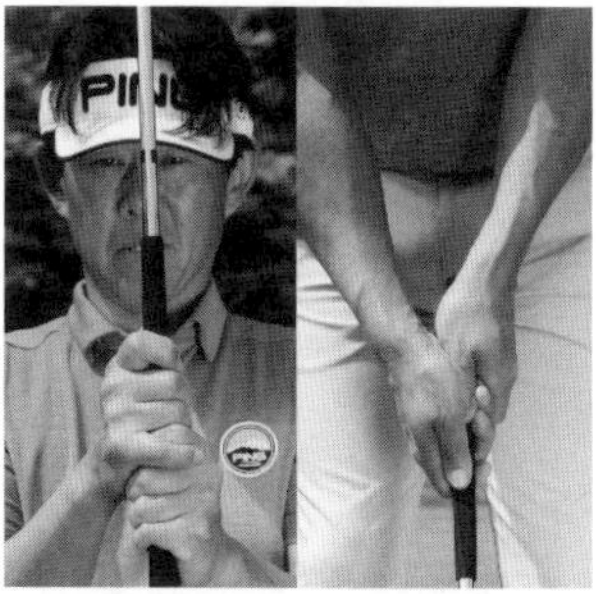

逆オーバーラッピング

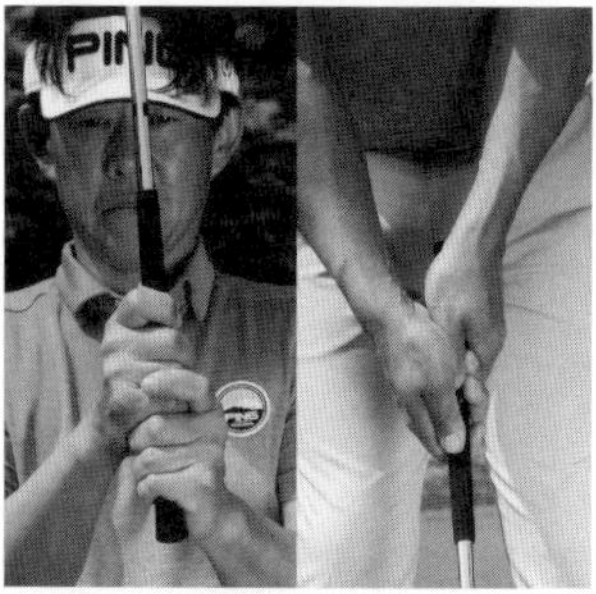

クロスハンド

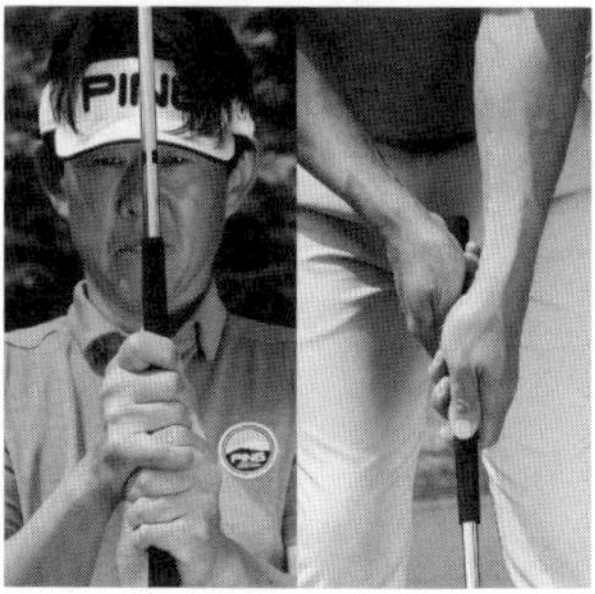

手首が使いやすい
距離感・フィーリング重視
ロングパットが安定する

手首を使いにくい
方向性・再現性重視
ショートパットが安定する

グリップ❷

両手の間隔をアレンジしてみる

グリップの形が決まったら、両手の間隔をアレンジしてみましょう。両手の間隔を広げて握るほど支点がヒジに近づき、手首の動きを抑えたストロークがしやすくなります。そのぶん、方向性、再現性が高くなるので、ショートパットの精度を上げられるのです。

それに対して、両手の間隔を近づけて握るほど支点がグリップエンドに近づくので、少し手首を使ったストロークがしやすく、ヘッドの運動量が大きくなります。するとフィーリングや距離感を出しやすくなるため、ロングパットの精度を上げられるのです。

ショートパットが苦手な人、方向性を上げたい人ほど両手の間隔を広げて握り、ロングパットが苦手な人、距離感を出したい人ほど両手の間隔を狭めて握るといいでしょう。

どちらにも悩みがない、もしくはどちらも得意でないのなら、さまざまな握りを試してみて、その中で最も気持ちよくストロークできるグリップを見つけてください。

グリップというのは、一度決めてしまうとなかなか変えないものですが、実は今のグリップより自分に合った握り方があるかもしれません。さらに、スイングの場合はかなり練習をしないと動きやフィーリングが変わりませんが、パッティンググリップはすぐに変えられるし、ちょっと変えただけでフィーリングや動きが大きく変化します。

ですから、パットに迷ったときなどは、遊び感覚でさまざまなグリップを試してみましょう。意外とそれで不調のトンネルから抜け出せたりするかもしれません。

オーバーラッピング

指3本掛け　指2本掛け　指1本掛け

逆オーバーラッピング

クロスハンド

(両手の間隔が狭い)
ロングパット・フィーリング・距離感重視

↕

(両手の間隔が広い)
ショートパット・方向性・再現性重視

スタンス幅

方向性と距離感のどちらを重視するか

次に、自分に合ったスタンス幅の見つけ方を紹介しましょう。大きな基準となるのは自分の両肩の幅です。それと同じスタンス幅にするのが標準的です。

ただ、松山英樹プロのようにものすごくスタンスの広いプレーヤーもいれば、リッキー・ファウラーのようにスタンスの狭いプレーヤーもいます。では、スタンス幅はストロークにどんな影響を及ぼすのでしょうか。それを知っておくことで、自分に合ったスタンス幅を見つけやすくなります。

基本的に、スタンスを広くするほど重心は低くなり、下半身が安定します。そして、重心が低くなるほど手元が地面に近くなるため、両ヒジは曲がり、両肩、両ヒジ、手元が五角形を描くことになります。そして、両ヒジを曲げるほど支点が体に近くなるため、機械的なショルダーストローク（右肩を切り上げてバックスイング、左肩を切り上げてダウンスイングする打ち方）がしやすくなると考えてください。

広いスタンスのメリットは方向性のよさにあります。下半身を固めて体幹でストロークするので、ストローク中にフェース面の向きが変わりにくく、ショートパットの正確性を高めたい人向きのスタンス幅だと言えます。ただし、あまりスタンスを広くすると目線が低くなるぶん視界が狭くなるので、アライメントが大切になってきます。また、体を使ったストロークには体力が必要になるので、どんなに広くても両足の内側が肩幅程度になるようにして、それ以上は広げないほうがいいでしょう。

これに対して、スタンスが狭くなるほど重心は高くなります。そして、重心が高くなるほど手元が地面から離れるため、両ヒジは伸び、両肩と手が三角形を描く構えになります。狭いスタンスで体を大きく使うとバランスを崩しやすいので、体幹を大きく動かすストロークより、手元の動きが小さくヘッドの動きが大きい、少し手首を使うようなハーフタップ式のストロークに向いていると考えてください。

狭いスタンスのメリットは、目線が高くなるぶんカップが見やすくなる(=ショートパットなどが狙いやすくなる)ことにあります。ヘッドの運動量の大きなストロークはヘッドの重さに任せて打てるため、リズム、スピードを安定させやすくなります。

また、タッチや方向を微調整しやすいため、フィーリング、距離感を重視するプレーヤー向きのスタンス幅だと言えるでしょう。

広いスタンスが向いている人

◎ショートパットの方向性を出したい人
◎ラインに乗せる感覚を高めたい人
◎できるだけ機械的なストロークをしたい人、など

狭いスタンスが向いている人

◎タッチ（距離感）を重視する人
◎ヘッドの重さに任せてストロークしたい人
◎微妙なフィーリングを活かしたい人
◎視野を高くとってラインを見やすくしたい人、など

狭い　　普通　　広い

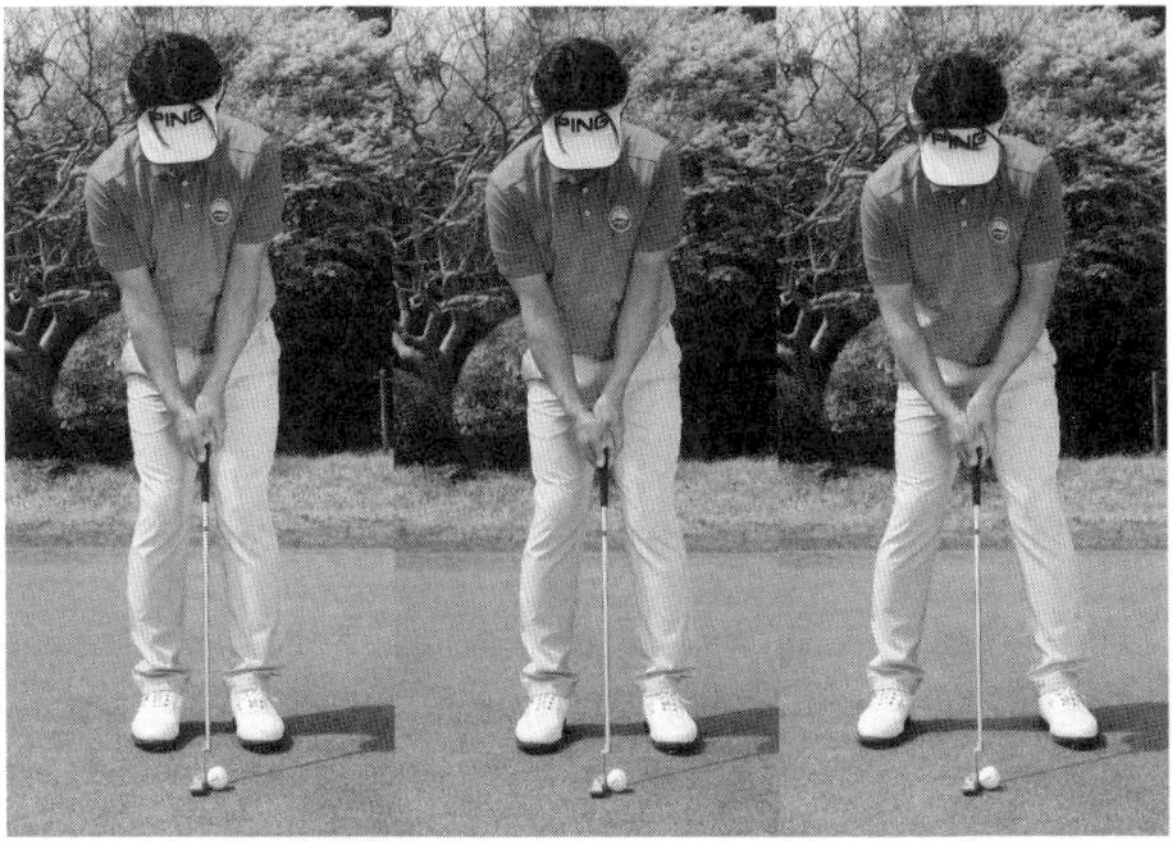

狭い　　普通　　広い

両腕の形

自分に合った両ヒジの角度を見つける

基本的に、アドレスしたときに前傾角度が浅い、パターを短く握る、スタンスの狭い人などは両ヒジを伸ばして構えるため、両腕の形は三角形に近くなります。

この構えだと肩からヘッドまでがクラブのイメージになるため、ヘッドのエネルギーを引き出しやすくなります。そのため、クラブの重さを利用してリズムよくストロークしたい人に合っていると言えるでしょう。

また、両腕の形が三角形に近づけば近づくほど視界が広くなる、アドレスが安定しやすくなるというメリットがある反面、短いパットが難しくなるというデメリットもあります。

リッキー・ファウラーやフィル・ミケルソン、ベン・クレンショーなどの両腕を伸ばした三角形タイプには名手と呼ばれるプレーヤーが多いですが、どちらかというとアスリートでタッチを出すのが上手い人向きなので、一般のゴルファーにはおすすめしていません。

これに対して、前傾角度が深い、パターを長く握る、スタンスの広い人などは、両ヒジを曲げて構えるため、両腕の形は五角形になります。この構えだと、ヒジからヘッドまでがクラブというイメージになります。体の動きでストロークするため、リズムを安定させるのに練習が必要になりますが、身につけると手先の動きを抑えられるというメリットがあります。両腕の形は、自分が気持ちよく打てるのであればどちらでもかまわないのですが、極端な構えをすると苦手な距離ができてしまう可能性があります。

そこで自分に合った両腕の形を見つけるために、次のテストをやってみてください。

まずは両腕を目いっぱい伸ばし、前傾を浅くして、三角形のアドレスをつくります。その構えができたら、目をつぶって最初はできる限り小さな振り幅で素振りをします。

次に5mくらいを転がすつもりで素振りをして、最後は20mくらいを転がすつもりの大きな振り幅で素振りをしてみましょう。このとき、ヒジに突っ張りを感じたり、肩が力んで軌道がブレたりするなら少しずつヒジを曲げながら同じ要領で素振りをします。

これを繰り返すと、自分にとって体にストレスがなく、安定してストロークしやすい両ヒジの角度が見つかります。そのときの両腕が三角形になっていようと五角形になっていようと、それこそがあなたにとってピッタリの両腕の形になります。

アライメント

「ユ」の字を書くようにセットアップする

イメージしたタッチで、決めたラインにボールを真っすぐ打ち出すのに必要なのは、アライメントを安定させることです。狙ったところにしっかり体とフェースを向けて構えるには、カタカナの「ユ」の字を作るようセットアップします。

まず、①ボールの後ろからラインをイメージしたら、②ボールの先30㎝くらいのところにスパット（目標）を見つけます。芝の葉（色が変わっているものや太さが違うものなど）でも、ボールマークを直した跡でも、何か目印になるものを見つけます。

次に、③そのスパットにフェースをスクエアに合わせたら、フェース向きが変わらないように、④足を揃えたまま体のラインをスクエア（直角）に合わせ、⑤スタンスを広げます。

するとスパット、ボール、クラブ（フェース）、体がカタカナの「ユ」の字になっていることがわかると思います。このような手順でセットアップすると、ラインに対してスクエアで、ボールをラインに対して打ち出しやすい構えがつくれるでしょう。

青春出版社
出版案内
http://www.seishun.co.jp/

青春新書 PLAYBOOKS

★大好評シリーズ最新刊！

日本人の9割がやっている もっと残念な習慣

ホームライフ取材班［編］
新書判 各1000円＋税

間違い！台無し！逆効果！の132項目

×運動前にストレッチ ×食べ終わってすぐ歯磨き

日常にはまだまだ〝残念〟が潜んでいた！

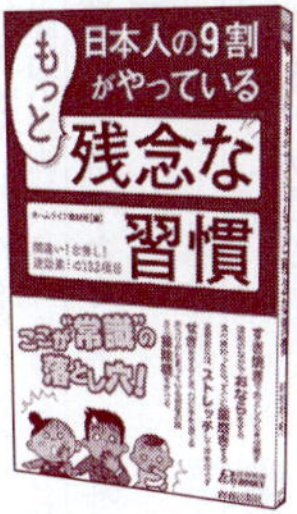

978-4-413-21134-5

●損する！危ない！効果ナシ！の130項目

10万部突破！
日本人の9割がやっている残念な習慣
読んだ人からトクをする！

978-4-413-21115-4

●「体にいいと思って」が逆効果！の121項目

3万部突破！
日本人の9割がやっている残念な健康習慣
ちまたの常識はもう古い!?

978-4-413-21125-3

〒162-0056 東京都新宿区若松町12-1 ☎03(3203)5121 FAX 03(3207)0982
書店にない場合は、電話またはFAXでご注文ください。代金引換宅配便でお届けします（要送料）。
＊表示価格は本体価格。消費税が加わります。

セットアップの手順

①ボールの後ろからラインをイメージする

②ボールの先30㎝にスパット（目標）を見つける

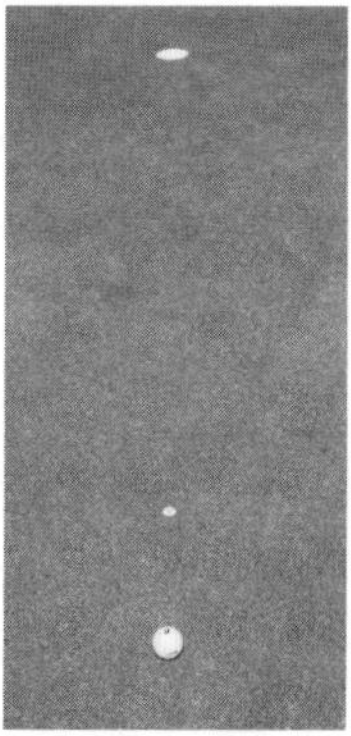

③スパットにフェースをスクエア(直角）に合わせる

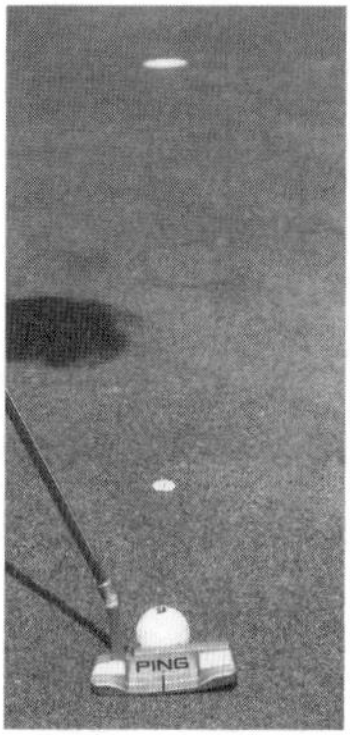

④フェースに対して身体を直角に合わせて、ラインと平行にする

⑤ボールのラインと平行のままスタンスを広げ、構える

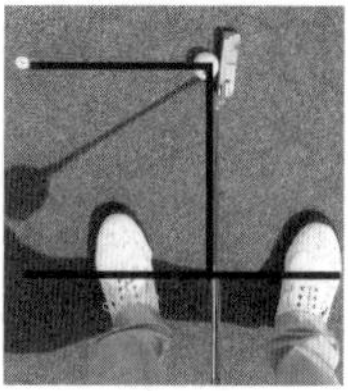

スタンスライン、ボール、スパットを結んだ線が、カタカナの「ユ」の字になる

ストローク❶ 肩ではなくヒジでストロークする

アドレスができたら、安定したいいストロークを身につけることが次のテーマになります。では、「いいストローク」とはどのようなものでしょう?

アマチュアの方に、「いいストロークって、どんなストロークだと思いますか?」と聞くと、「肩で打つショルダーストローク」と答える人が多いようです。しかし、パターが上手い人を見ると、実際は肩を基点にしつつ、ヒジを動かして打っている人が多いのです。

パッティングは2本の腕を体の前に出して1本の棒(パター)の重さを支えています。この状態でショルダーストロークをするには、肩をタテに動かす(バックスイングで右肩を上げて左肩を下げ、ダウンからフォローで左肩を上げて右肩を下げる)イメージになるわけです。でも、肩をタテに動かしすぎるとクラブが外に上がり、外に出ていく動きになりやすくなるので、ストレートな軌道でのストロークは難しくなります。

私は、ストロークをするとき、ヒジから下のアングルをずっと変えないことが大切だと考えています。そうすることで、ヒジから先をクラブにして、パターをライ角どおりに動かせるからです。それにはヒジを動かして打つ意識のほうが適しています。

「それでは手打ちになってしまうのでは？」と感じる人がいるかもしれませんが、アドレスでは軽く脇の締まった状態をつくっておけば、ヒジを動かそうとしても緩むことはなく、体幹でストロークできるようになるので、手打ちにはなりません。

ヒジを動かしてストロークする感覚については、次項で説明します。

ストローク中にヒジから下のアングルが変わらなければ、ライ角どおりに打てる。これこそが、そのパターに合った最もナチュラルな動き

ストローク❷ 傾いた面でパターをワイパーのように動かす

ヒジでパターを動かし、ストレート軌道で自然なフェースの開閉があるストロークをつくるには、次のような練習をするといいでしょう。

まず真っすぐ立ってパターを地面と水平にした状態をつくり、両ヒジでパターの重さを感じながら、腰の高さで素振りをします。イメージとしては、腰の高さにテーブルがあって、そのテーブルの上でパターをワイパーのように動かすような感じです。すると、バックスイングでフェースは開き、フォローでは閉じるような動きに見えるはずです。

それを確認したら、徐々に前傾しながらパターを下に傾けて、同じように素振りをします。このとき、先ほどは水平だったテーブルの面を少しずつ傾け、その面に沿ってパターを動かすようなイメージを持つといいでしょう。すると、基本的には同じ動きをしていても、前傾が深くなるほど（アップライトに構えるほど）、フェースが開いて閉じる動きは小さくなって見えます。そして、最終的に自分が使っているパターのライ角どおりにセットした状態でストロークすると、ストレートな軌道でわずかにフェースが開閉する動きに見えるはず。それこそが、ナチュラルで理想的なストロークになります。

はじめに、真っすぐ立った状態でパターを水平に動かし、徐々に前傾しながらクラブを下ろしていく。するとナチュラルなストロークが体感できる

軌道

フェースの開閉がある動きを目指す

狙ったところにイメージしたタッチでボールを打ち出すには、なるべくストレートに近い軌道でストロークすることが大切です。パッティングの場合、ボールはフェースが向いた方向に打ち出されます。つまり、インパクトのフェース向きがスクエアであるなら、どんな軌道だろうとボールは目標方向に打ち出されるわけです。

「それならストレートな軌道じゃなくてもいいじゃない？」と思う人がいるかもしれません。しかし、軌道がアウトサイドイン、もしくはインサイドアウトになるほど、力が内、もしくは外に向かって働くため、エネルギー効率が悪くなってしまいます。

エネルギー効率が悪くなれば、同じ振り幅でもストレート軌道よりボールの転がりが悪くなるので、距離感がバラつくだけでなく、芝目の影響を受けたり、苦手なラインができてしまったりしてカップインの確率が悪くなるので、ストレート軌道が必要なのです。

注意したいのは、ストレート軌道でもフェースの開閉はあるということ。ストローク中、

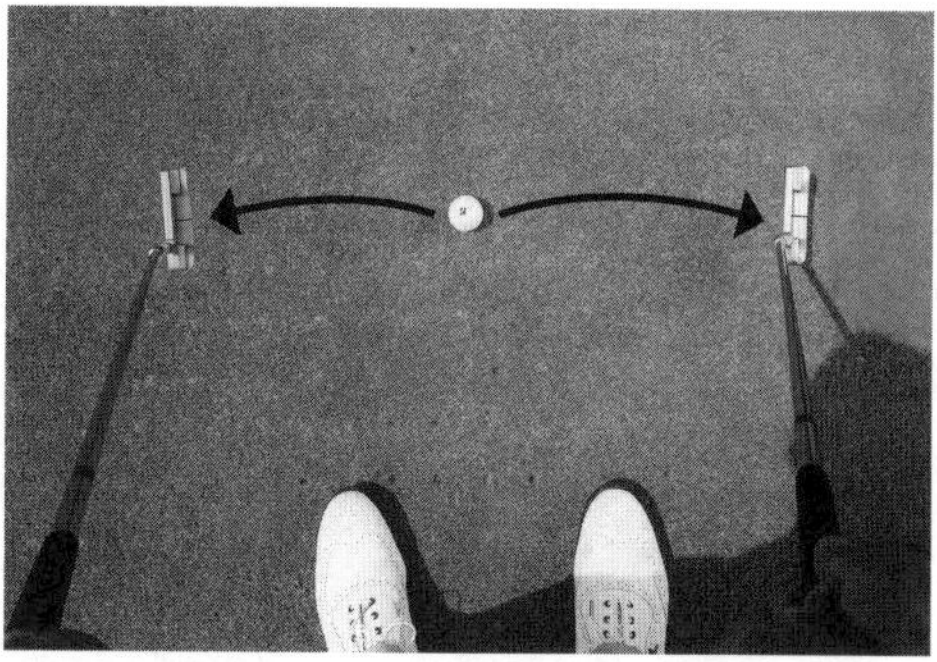

バックスイングではフェースがやや右を向き、フォローではやや左を向くのが自然な動き

フェースはずっとスクエアに保たなくてはいけない(常に目標に向いていなければいけない)と思っている人が多いですが、バックスイングではフェースがやや開き(目標の右を向き)、フォローではやや閉じる(目標の左を向く)のが自然な動きです。これを無理矢理スクエアに保とうとすると、フェースを閉じて開くような不安定な軌道になったり、手先を使ったストロークになったりしやすいので気をつけてください。

基本的には、ボール位置が体に近い人ほどフェースの開閉は少なく、遠い人ほど多くなります。また、ヘッドの大きなパターほどヘッドの開閉が少ないストロークと相性がよく、ブレード型のヘッドが小さいパターほど開閉の大きなストロークと相性がよいということを覚えておきましょう。

リズム

常に自分にとって気持ちのいいテンポでストロークする

一体感のある自然なストロークを覚えたら、自分にとって最も気持ちのよいリズムをチェックしておきましょう。それを知って安定させることで、ストロークの再現性を高めることができるからです。

一般的に、筋力のない人、体が柔らかい人、重いパターを使っている人、ゆっくり歩く人ほど遅いテンポが気持ちよく感じ、筋力のある人、体の硬い人、軽いパターを使っている人、速く歩く人ほど速いテンポが気持ちよく感じる傾向があります。

ただ、それらの組み合わせによって適正なリズムは変わるので、そのデータをとっておく必要があるわけです。

具体的には、目をつぶり、メトロノームの音に合わせてストロークします（メトロノームは、スマホの無料アプリがあります）。メトロノームの2拍子の音に合わせてバックスイングとダウンスイングを繰り返し行います。

目をつぶりメトロノームの音に合わせてストロークすることで、自分にとって最もストレスのないテンポが見つかる

そして、70〜90ビートの間で、最も気持ちよく打てる（手先に力が入らず、最も体にストレスなく打てる）テンポを見つけてください。

それがわかったら、練習するときもラウンドするときも、常にそのテンポとリズムを意識してストロークします。調子が悪かったりプレッシャーがかかったりすると、リズムが乱れやすくなると思います。その場合も、自分に合ったテンポに合わせてストロークする意識を持つことで、長い不調に悩まされることはなくなるでしょう。

ストロークを磨く（手打ちを直す）①

指先でつまんでストロークする

気持ちのいいリズムを見つけるには目をつぶってストロークするのがいいと言いましたが、この素振りは日常のルーティンに取り入れてください。視覚が遮断されるとそれ以外の感覚が研ぎ澄まされ、自分へのフィードバックが大きくなるからです。

たとえば、自分が手先の力に頼ってストロークをしていたとします。しかし、目を開けて、カップを狙うことに集中していると、どうしてもそれには気づきにくいものです。

しかし目をつぶってストロークすれば、自分がいかに手を使っているかがすぐにわかります。再現性の高いストロークをするには、ショットと同じように、手先に頼らない動きを身につけることが大切です。手先の感覚に頼ってパターを動かしているうちは、パッティング上手にはなれません。自分が手先でパターを動かしていることに気づいたら、パターを両手の指先だけでつまむように持ってストロークする、もしくは両手の親指を外し、パターの重さをグリップの裏側で感じながらストロークするといいでしょう。

この持ち方だと手に力が入らないので、パターがどう動きたがるのかを感じやすくなり、手先に頼った動きができなくなります。これで自然に打てたら通常のグリップに戻します。これによって、体幹を使った反復性の高いストロークが自然と身につきます。

両手の指先でつまむように持つと、手先の力ではクラブを動かせなくなる

指でつまんだときには、いつもよりゆっくりしたストロークでＯＫ。パターが動きたがる方向を邪魔しないようにストロークする

ストロークを磨く（手打ちを直す）❷

フォローの動きだけで打つ

手先に頼ったストロークを直すためには、フォローの動きだけで球を転がすのもよい方法です。いつもどおりのアドレスをつくったら、1㎜もバックスイングせず、フォローの動きだけでなるべく長い距離を転がすのです。

練習グリーンでやるときは、10〜15m以上転がせるようになるのが目標。自宅でやるときには、パターマットの先に座布団やクッションを置き、それになるべく強くぶつけるようにするといいでしょう。

フォローの動きだけでストロークすると、手先の力だけでは長い距離を転がせません。そのため、長い距離を転がそうとすると、自然に体を使って転がすようになるのです。

ポイントは、腕からパターまでのアングルを変えず、フォローを低く長く、加速させながら出していくことです。そうすることでボールとパターヘッドが同じ方向に動くようになるため、エネルギー効率が上がり、インパクト付近のゆるみがなくなります。

バックスイングを取らず、フォローの動きだけでなるべく長い距離を転がしてみよう

また、ボールがフェースに乗る感覚、ボールを押す感覚も磨かれるので、短いパットで微妙なタッチを出すときにも役に立つでしょう。

この練習をするときは、自分のストロークをビデオで撮影して体とクラブが正しいポジションにあるかどうかをチェックするとより効果的です。アドレスでは左手が肩の真下にあってヒジからパターヘッドまでが一直線になっていること、ストローク中はヒジから下の面を変えずに転がせていることが大切です。

これらができていない場合、フォローだけで長い距離を転がすことはできません。しかし、それができてくれれば自然に再現性の高いストロークへと近づきます。

フォローの小さなストロークは昔の打ち方

再現性の高いストロークを目指すときに意識してもらいたいのは、左右対称かフォローの大きなストロークを目指すことです。まず自分のストロークをビデオに撮ってみてください。多くの人がバックスイングよりフォローの小さいストロークをしていることに気づくでしょう。これは、インパクトの強さで距離を打ち分けようとしている証拠です。

以前は、プロの中にもフォローが小さいストロークをする選手がいました。しかし、これはパターのヘッド重量が軽かった時代の打ち方です。現代のパターは昔に比べるとヘッドの重量がかなり重くなっています。このようなパターを使ってダウンでブレーキをかけるような打ち方をすると、インパクトでフェースが閉じたり開いたりしやすいため、方向性が悪くなるだけでなく再現性も低くなってしまいます。

また、インパクトでロフトにバラつきが出るため、球の転がりが悪くなりやすいです。現代のパターを使うなら、左右対称かフォローの大きなストロークを目指してください。

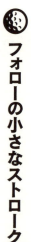

クラブとの相性も関係します。ピンタイプのようなブレード型の場合は左右対称、ネオマレットのような大型ヘッドの場合はバックスイングが小さくフォローの大きなストロークが合っています。自分のパターに合わせてストロークをつくっていきましょう。

左右対称のフォロー

左右対称のストロークは、小さめのヘッドのパターに合う

フォローが大きい

フォローの大きなストロークは、大型ヘッドのパターに合う

フォローが小さい

フォローの小さなストロークは方向性、距離感が悪くなるためおすすめできない

パターのロフトを意識してインパクトする

パターにもロフトがついており、ピンのパターであれば3度、スコッティキャメロンであれば4度のロフトがつけられています。このロフトどおりにインパクトすることは、再現性の高いパッティングをするうえで非常に重要な意味があります。

一般的に、グリーンの芝は4㎜前後にカットされていて、ボールは自身の重さで芝の葉にわずかなりとも沈んでいます。その沈んだボールをストロークで拾い上げて安定した転がりを得るために、パターにはロフトがつけられているのです。

ところが、統計をとるとアマチュアゴルファーの多くはロフトを立てた状態でインパクトしており、特にロングパットでその傾向は強くなります。これは、距離感が不安定になる一番の原因にもなっています。ロフトが立っていると、インパクトした瞬間にボールは地面に押しつけられるので、その反動でボールが弾んで転がりが悪くなるのです。

試しに、ボールの先10㎝のところにコインを置いて、3mのパットを打ってみましょう。

この10㎝先のコインに当たるのは、ロフトを立てて打っている証拠。この場合はインパクトでハンドファーストになりすぎていないか、左手首が手のひら側に折れていないかチェックしてください。手首の動きを抑え、バックスイングよりフォローの大きな動きを意識すると、適正なインパクトができてロフトが立つ動きを抑えられるでしょう。

CHECK ①
コインに当たらないように打つ

ボールの先10㎝先にコインを置き、9フィートの速さのグリーンであれば3m、10フィート以上であれば5mを打つ。このコインに当たるのは、ロフトを立てて打っている証拠。コインに当たらないストロークを目指そう

CHECK ②
真ん中からやや下に当たるように打つ

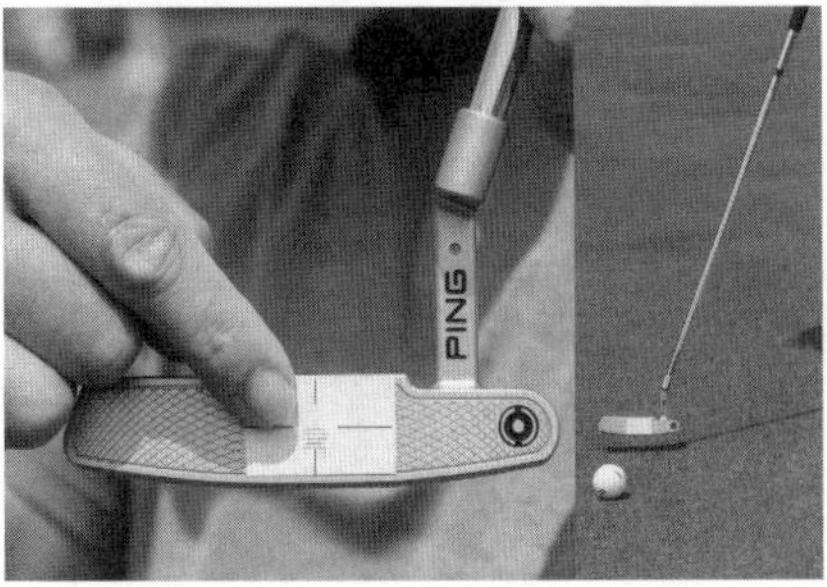

フェースにインパクトシールを貼って打ったとき、フェースの上に当たるのはロフトが立っているから。真ん中からやや下に当たるようにしたい

第１章のまとめ

◎構えとストロークは人それぞれ。自分に合った打ち方を見つけよう。

◎ヒジからヘッドまでが一直線になっているか、チェックする。

◎目のあたりからボールを落とすと適正なボール位置がわかる。

◎グリップやスタンスは目的や本人の資質によって決まる。

◎パターが上手い人は肩を基点にしつつ、ヒジを動かして打っている。

◎パターでもフェースの開閉はある。

◎テンポとリズムを常に一定に。

◎フォローの動きだけで球を転がすと再現性の高いストロークができる。

◎パターのロフトを意識してインパクトすると転がりがよくなる。

第2章

タッチ

タッチがつくれなければラインは読めない

たとえば、あるゴルファーが5mのフックラインを残したとします。その人は、カップ1個ぶん曲がると読んで打ちますが、残念ながらボールはカップの右を通り抜け、2mオーバーしてしまいました。その人は、「うわ、全然曲がらなかった」などと叫んでいます。

次のホールでは、3mのスライスラインが残りました。今度はボール1個ぶん曲がると読んで打ちますが、打ち切れずにカップの下側（右側）に外してしまいます。そして、「今度は思ったより曲がった」と悔しがる……。このようなシーンをよく見ます。

こうしたセリフだけを聞いていると、「ラインの読み違い」がミスの原因のように思えるかもしれません。しかし、実際はどちらも明らかにタッチのミスが原因です。残り5mを2mオーバーする強さで打ったら、曲がるラインも曲がらなくなるのが当たり前。打ち切れずにタッチが弱くなれば、思ったより曲がるのは当然のことです。

このように、パットが上手くない人ほど、「(思ったより)曲がらなかった」「曲がった」と言ってパッティングの判断をしたがります。そして、実はタッチが「強かった」、もしくは「弱かった」ということが根本的な問題であることに気づいていません。

このような人は、ボールからカップまでの間に「正しい1本のライン」があって、そのラインに乗せるのがパッティングだと信じています。タッチより、ラインに依存しているわけです。

しかし、実はタッチがつくれなければラインは読めないし、正しいラインを教えてもらっても、タッチがつくれなければそのラインに乗せることはできません。パッティングはタッチありき、タッチをつくることが何より大切なのです。

30～40㎝オーバーするタッチが最適

パッティングはタッチありき。タッチがつくれなければラインは読めないと前項で説明しました。どんなタッチで打つかが決まらなければ、ラインはつくれないからです。

同じ2mのフックラインでも、強く打てばボールの勢いでストレートに近くなるし、カップにピッタリ届く強さで転がせば曲がりは大きくなります。

したがって、ラインをイメージするためには、最初にタッチを決めておく必要があるのです。タッチが先、そのあとにラインです。

また、あまり強いタッチで打つと、ほんの少し狙いがズレただけでカップに蹴られやすくなりますし、逆にカップにギリギリ届くような弱いタッチで打つと、ちょっとした芝目、スパイクマークがあるだけで外れてしまう可能性があります。

では、どんな強さで打つのが最もカップインの確率が高いのでしょうか。米国のショートゲーム専門のコーチであるデーブ・ペルツは、カップを30～40㎝ほどオーバーする強さが最適だと言います。このカップを30〜40㎝オーバーするタッチを、「トゥルータッチ（真実のタッチ）」、このタッチで入るラインを「トゥルーライン（真実のライン）」と言うのですが、このトゥルータッチを身につけ、トゥルーラインを読むことこそが、「読み切るパッティング」の目標になります。

ここで重要なのは、カップインの確率が高いトゥルーラインを読み切るには、トゥルータッチを身につける必要があるということです。トゥルーラインがわかっても、トゥルータッチで打てなければカップには入りません。

これは非常に重要なことなので、しっかり心に刻んでおいてください。

30〜40㎝オーバーするタッチが「トゥルータッチ」

カップのど真ん中に落とすつもりで

カップを30～40㎝オーバーするタッチを身につけることが大切だと言いましたが、このタッチをつくるには、カップインするボールの入れ方を意識するといいでしょう。

ボールがカップの奥側の壁に当たって落ちるのでもなく、カップの手前からすべり落ちて入るのでもなく、カップのど真ん中に落ちる強さで打つのです（ピンをさしたままプレーする場合、抜いた状態でカップの真ん中に落ちる強さをイメージします）。

たとえるなら、ボールが落とし穴に落ちるくらいのイメージです。このようなイメージだと、自然にカップを30～40㎝オーバーするタッチに近づくようになります。

これは、上りのラインでも下りのラインでも同じです。よく、「上りはカップの奥側の壁に当てて入れ、下りはカップの手前から入れろ」などと言います。でも、これはあくまで平らなラインのタッチがベースにあって、それを調節できる人のマネージメントです。

タッチの未熟な人が上りを強く、下りを弱く打とうとすると、どうしても上りは強く打ちすぎ、下りは緩んで打てなくなってしまいます。注意してください。

それよりは、上りでも下りでも平らなときと同じように転がす。ボールをカップのど真ん中に落とすつもりでパッティングするのです。それに集中することで、上りや下りに過剰反応することがなくなり、タッチに安定感が出てきます。

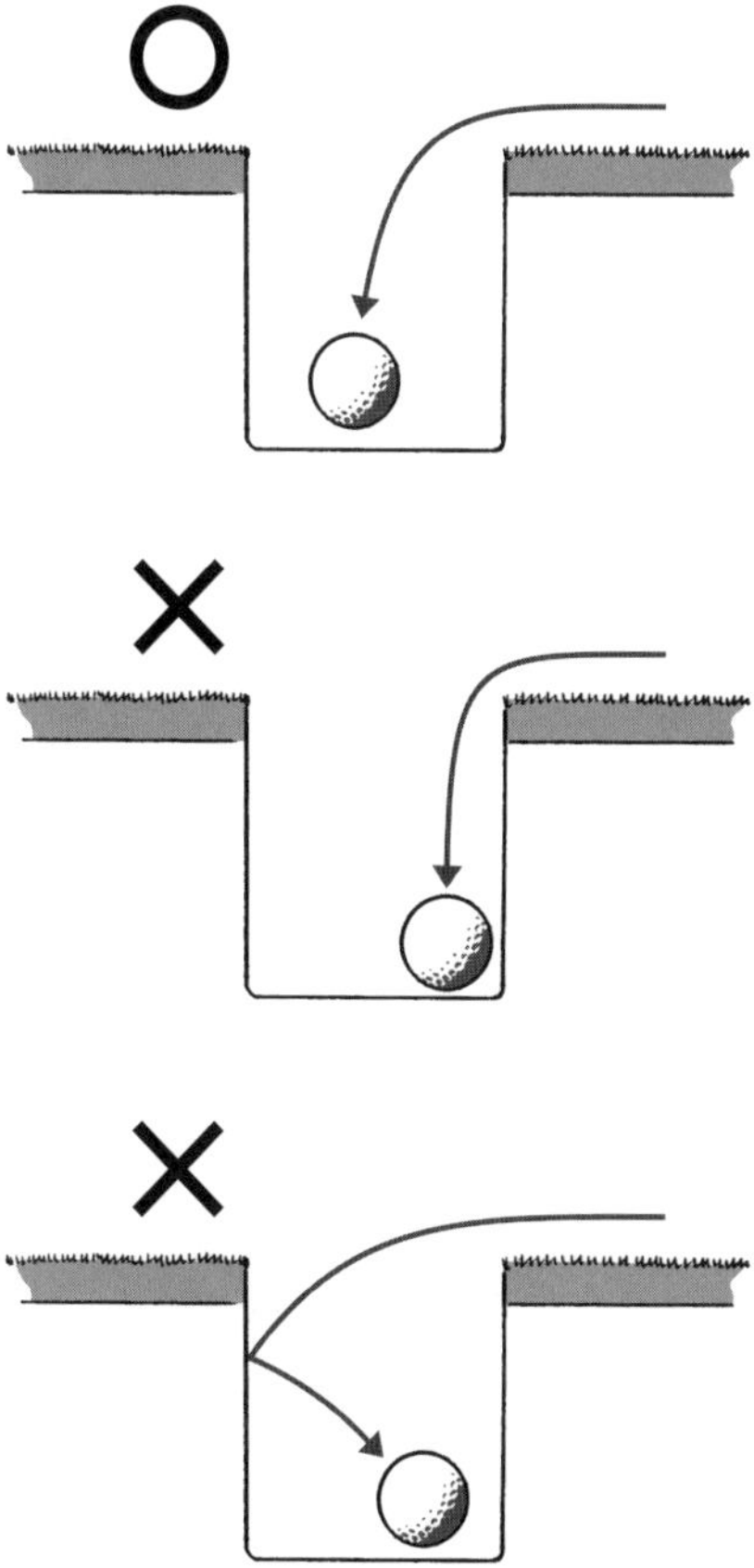

目測で距離を判断できるようにする

プロは、カップからボールまでの距離をひと目見ただけでかなり正確に残り何mかを判断することができます。しかし、パッティングが苦手な人ほど、この距離を目測する（目で見て距離を判断する）ことを苦手にしているようです。

たとえば、「あなたにとってのロングパットは、何mくらいからですか？」という質問に対して、「10mです」と答えた人がいたとします。その人に、グリーン上で10mの距離が残ったとき、「これは何mのパットだと思いますか？」と聞くと、ほとんどの人が実際より短い距離を答えてしまいます。実際はロングパットの距離なのに、そうとは思わずに挑んでしまうわけです。これでは大きなミスが出ても仕方ありません。

また、パッティングがあまり上手くない人ほど長い距離を入れにいこうとします。たとえば、プロでも3m以上になればカップインの確率は低くなります。それなのに、5m以上を狙いにいって大オーバーしてしまう。

その人に、「いまの6mあったけど、狙っちゃったんですね」というと、「そんなにありましたか?」という返事になるわけです。

このような目測による距離感のズレも、タッチが出ない理由のひとつ。タッチを出せるようになるには、見た目である程度の距離を判断できるようになることも大切になります。

距離感の悪い人は、はじめは歩測などをして、自分のパットが何mなのかをチェックするクセをつけるとよいでしょう(ただしスロープレーは厳禁。速やかにプレーするように心がけてください)。そして、5mは5m、10mは10mと判断してから打つ。その感覚を蓄積していくことが距離感の向上につながるのです。

パットが上手い人

3m以上はカップインの確率が低いことを知っている

パットが下手な人

ロングパットでも狙ってしまい3パット

バックスイングの大きさが固定されていないか

タッチを出す（距離感を安定させる）には、距離に応じた振り幅で転がすことが大切です。1mなら1m、5mなら5m、10mなら10mの振り幅で打てないとタッチは出てきません。ところが、距離感が悪い人の多くはバックスイングの大きさが固定されています。1mと15mでは変わるかもしれませんが、4mも6mも8mも同じ大きさのバックスイングで、インパクトの強弱で距離を打ち分けようとしているのです。

こういう人は、固定された〝自分のバックスイング〟より大きな振り幅、または小さな振り幅で打つことが苦手です。それでは距離の幅が制限されるので、ロングパットではショートするし、ショートパットでは緩みが出て押し出したり引っかけたりしてしまうのです。

バックスイングの大きさが固定されているかどうかを判別する方法があります。ボールの後ろ30㎝のところにもうひとつボールを置き、2mのパットを打ってみてください。こ

後方30㎝のところにボールを置いて2～5mを転がす。カップだと入ったときにどのくらい転がったかがわからないため、ボールマークなどを狙って練習する

のとき、ヘッドが後ろのボールに当たってしまう人は、バックスイングが大きく振り幅が固定されていると考えていいでしょう（ちなみに、9フィートの速さのグリーンであれば、私が30㎝後ろのボールに当てずに打つことができるのは5mくらいまでです）。

まずは、後ろのボールに当てずに2、3mの距離を転がせるようにしてください。そして、さまざまなスピードのグリーンでこれを繰り返すのです。そうすればストロークの緩みがとれ、タッチが磨かれる状態に近づくでしょう。

最小のバックスイングでさまざまな距離を転がす

次に、できる限り小さなバックスイングで距離を打ち分ける練習をしましょう。

前述したとおり、バックスイングの大きさが固定されているうちは、距離感は絶対によくなりません。このような人は小さくバックスイングするという経験がないので、まずは自分ができる限りの小さなバックスイングでボールを転がしてみます。

また、バックスイングの大きさが固定されている人はインパクトの強弱で打っているため、インパクトのフェース向きが安定しない傾向があります。その点、バックスイングが小さいほどストロークの再現性が高くなり、フェースの向きが安定するので、この練習でスクエアにインパクトする感覚を磨くこともできます。

10㎝だけバックスイングするイメージでフォローの大きさを変え、2m、4m、6m、8m、10mを打っていきます。慣れてきたら3m、6m、9m、12m、15mを練習するのもいいでしょう。

10㎝のバックスイングでさまざまな距離を転がす。それができるとリズムが安定して、自然に距離感が出せるようになる

ミニマムなバックスイングで距離を打ち分けようとすると、自然と自分に合ったリズムが見つかり、タッチを生み出しやすくなるので、ぜひ実践してください。

この練習で自然に距離が打ち分けられるようになったら、ストロークをビデオに撮って見てみましょう。2m刻み、3m刻みで打ったとき、バックスイングの大きさが変わっていたら合格。変わらないうちは、まだまだバックスイングの大きさが固定されている証拠です。このミニマムバックスイングの練習は、繰り返し行うようにしてください。

基準となる「自分の得意な距離」をつくる

2017年賞金女王の鈴木愛選手は、5mを自分の基準にして、その距離を常に練習していました。このように、自分の好きな距離をつくり、好きな距離ばかりを練習することは、タッチを磨くよい方法だと言えるでしょう。気持ちよく打ったとき、いつも同じ距離を転がってくれる。そういう距離が見つかると、その距離が自分のベースとなり、どんなコースに行ってもタッチが合わせられるようになるからです。

たとえば、自分がよく行くコース、もしくはメンバーコースのグリーンが9フィート前後のスピードで、自分が気持ちよく打てる距離が鈴木選手と同じように5mだったとします。同じように打ったとき4mしか転がらないとすれば、「いつもより少し重いんだな」「少し強めに打てばいいんだな」と思えるでしょう。6m転がるときには、「少し速いな」「ちょっと弱めにいこう」という微調整ができるわけです。

また、自分の好きな距離が確定すると、アプローチをして、その距離が残れば2パットでいけると考えられます。もしそれより寄せられたら、1パットで上がれるかもしれません。この心の余裕は非常に大切で、パットだけでなく、アプローチまでもが気楽に打てるようになるため、ショートゲームの結果が相乗的によくなる可能性もあるのです。

この自分の好きな距離を見つけるには、自分が気持ちよく打てる振り幅で、なるべく平らで真っすぐなラインに向かって、球を数個打ってみるといいでしょう。同じリズムを心がけ、プレッシャーのない状態で打てれば、3個だろうと4個だろうと同じところにボールが集まるはずです。

あとは、その距離を歩測し、徹底的に練習する。そうすることで、自分の好きな距離をつくることができるようになります。

自分が気持ちよく打てる振り幅で、何m転がるかチェックしておこう

10%曲がるラインを練習する

タッチをよくしたいと思ったら、大きく曲がるラインを練習するのもいい方法です。曲がり幅の目安は残り距離の10%。1mだったら10㎝曲がるライン、3mだったら30㎝、10mだったら1m曲がるラインを想定して練習するようにします。

このように大きく曲がるラインで練習を繰り返すと、タッチが安定してくるだけでなく、ラインを読む力もアップします。カップを30~40㎝オーバーするタッチを意識して、1m、3m、10mの距離から1回でも多くカップインするように努力する。そうすることで、曲がり幅の小さいラインはかなりやさしく感じるようになります。

距離の10%曲がるラインというのは、実は数字以上に難しいラインです。このくらいの曲がりになると、読みやタッチ、打ち出しのすべてが揃わないと入らないからです。同じところから10球連続で打つならまだしも、実戦の中でそのような状況はありえません。

「3mで30㎝曲がるラインに10回出合ったら、何回入る自信がありますか?」と質問したら、プロでも「2～3回入ればいいんじゃない?」と答えるのではないでしょうか。

ところが、パットの上手くない人ほどこのラインの怖さに気づきません。1mで10㎝、3mで30㎝曲がるラインというと、打ち出す方向を気にする程度でタッチを気にしないのも、「たいしたことはない」と感じているからでしょう。だから同じ質問をしても、プロより多い回数を答える人も多いのです。

「距離の10%曲がるライン」の怖さを知らないと、残り3mから3パットしたりします。そういうミスを防ぐためにも、この練習をしっかり実践してください。

大きく曲がるラインを練習するとタッチが磨かれる

タッチを合わせるにはカップの入り口を意識する

タッチを磨くには大きく曲がるラインを練習するのがいいと言いましたが、曲がるラインにタッチを合わせるのが苦手な人は多いようです。

曲がるラインが苦手な人は、ラインを薄く読む傾向があります。しかし、ラインを薄く読むと、通常のタッチで打ったときにカップより低いほうへ外れてしまいます。すると脳はそれを感じ取って、打ち出しを無理に高いほうにしたり、強いタッチで打ってしまったりします。これでは本当に身につけたいタッチは出せません。

曲がるラインにタッチを合わせるコツは、カップの入り口を意識することにあります。つまり、カップのどこからボールが入っていくのかを意識するのです。

ラインを薄く読む人は、どんなラインでもカップの真ん中に入り口をイメージする傾向があります。それはカップの真ん中を意識して真ん中を見ながら打つと、ライン読みが薄くなってしまうからです。曲がるラインは曲がりながらカップに入りますから、フックならカップの真ん中より右、スライスならカップの真ん中より左から入ります。

まずは、傾斜の向きと度合いに合わせて入り口を変え、その入り口から入るラインをイメージしてください。たとえば、軽いフックラインではカップの真ん中より少し右が入り口になり、強いフックラインではカップの右フチあたりが入り口になります。そこを見て、そこから入れるイメージをつくるのです（スライスの場合は逆）。

たったそれだけのことで、ラインを薄く読むことがなくなり、そのラインに合ったタッチを演出しやすくなるのです。ぜひ試してみてください。曲がるラインにタッチを合わせるには、入り口を意識するということを覚えておいてください。

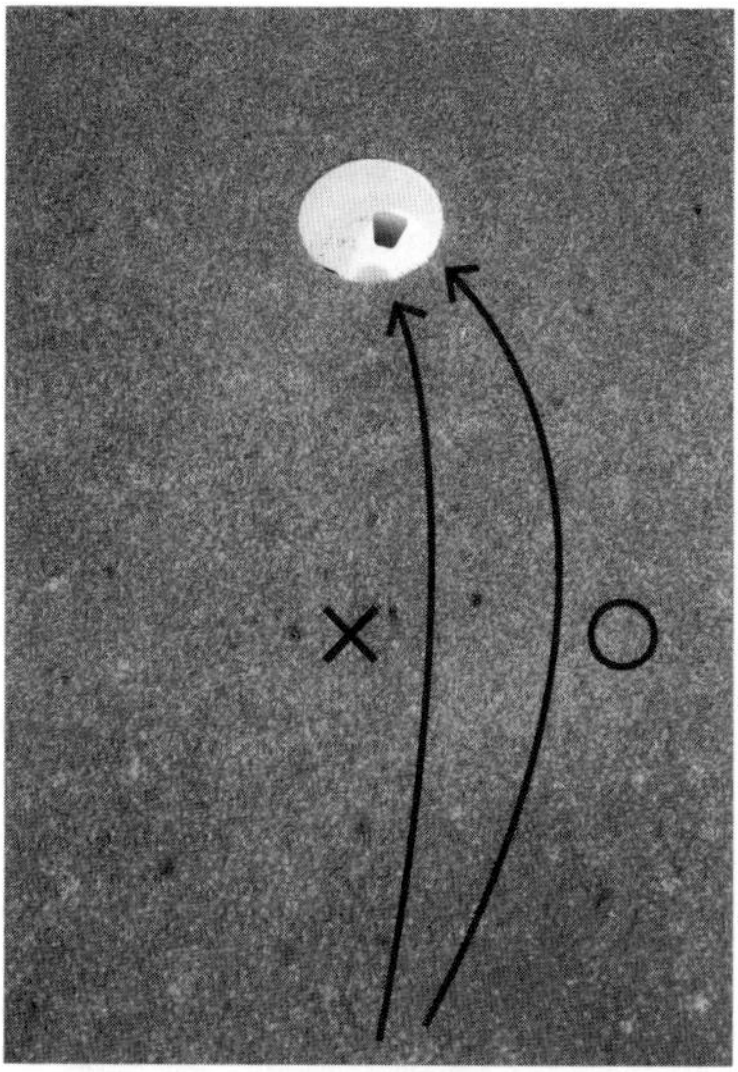

フックラインであれば、曲がりが大きいほど入り口を右にズラす

はじめのうちは常に平らなラインのタッチで打つ

前項で少し触れましたが、ちょっとした上りなのに「強く打とう」としすぎて大オーバーしてしまう、またわずかな下りなのに「弱く打とう」としすぎてショートしてしまう人がいます。このような人は、上りや下りに過剰反応しているのです。

平らなラインのタッチも身につけていないうちに、わずかな上り下りを調節しようとすると起こるミスですが、こういう人は、たとえば下りの難しいラインを残してしまったときに3パットしやすいので気をつけなければなりません。

微妙なタッチを出せないという人は、意識的に「微妙な調節をしない」というマネージメントをするのも効果的だと思います。少々の上りだからといって強く打たない、少々の下りでも弱く打たない。少し上りの5mも、少し下りの5mも、平らな5mと同じタッチで打っていくのです。

そうすれば、上りのときには少しショートして上りが残り、下りのときには少しオーバーして上りが残ります。いずれにしてもやさしいラインが残るので、3パットの危険を回避しやすくなるわけです。もちろん、高速グリーンや傾斜が強いときなどには強弱の調節をする必要がありますが、緩い傾斜であればわざと無視するという手もあるのです。

3パットを減らすには、できるだけ難しいラインを残さないことが大切。タッチに自信がないうちは、このようなマネージメントをするだけでもタッチが合うようになります。

平らなラインと同じタッチで打てば、上りは少しショートし下りは少しオーバーするようになる

カップを中心に大きな円をイメージする

残り50㎝の短いパットになると、ものすごく強いタッチで打つ人がいます。2019年からルールが変わり、ピンをさしたままパッティングできるようになりましたが、ピンに当たって出てしまうくらいの強さなのでビックリしてしまいます。

ところが、そういう人に限ってロングパットになると大きくショートしてしまう。これは、前述したバックスイングの大きさが固定されている人に多いパターンですが、入れるパットと寄せるパットの境目が極端すぎるようです。タッチを安定させるには、距離の長短にかかわらず、その距離に合ったタッチをつくることが大切です。

そこでやってもらいたいのが、ロングパットなら距離の20％の円（10ｍで直径2ｍの円）、ミドルパット以下なら10％の円（5ｍで直径50㎝の円）をイメージし、それを狙うこと。一般にロングパットは10ｍ以上、ミドルパットは5～9ｍですが、タッチに自信がない人は、「8ｍ以上はロングパット」を基準に調整してもいいでしょう。

基本的に、目標物が大きくなれば距離感を出しやすくなります。ただ、距離が長くなると同じ大きさでも小さく感じてしまうので、距離に応じて目標のイメージを変えるわけです。オーバーしてもショートしてもいいから、この円に入れようとする。そうすることで、短いパットと長いパットのタッチの差も縮まってくるはずです。

しかし、タッチがつくれなければラインは読めないし、ラインを教えてもらっても、タッチがつくれなければそのラインに乗せることはできません。パッティングはタッチありき。まずはじめに大きな円でタッチをつくることが、ラインを読み切って入れることにつながるのです。

大きな円を狙うと距離感を合わせやすくなる

「超ロングパット」の打感を経験しておく

「人生で一番長いパットは、何mくらいですか?」と聞くと、「15mくらいかな」などと答える人がいます。しかし、大きな1グリーンのコースに行けば40mを越えるパットもあるので、ある程度経験を積んだゴルファーであれば20m以下ということはほとんどないはずです。ただ、その経験が少ないことだけはたしかでしょう。

これはゴルフに限りませんが、やったことのない動作をすぐにできるはずがありません。パットでも、やったことのないタッチは出せないのです。まったく対策を立てずにロングパットに挑めば、3パットどころか4パットの危険もあります。

では、どういう対策を立てるべきなのでしょうか?

みなさんにおすすめしたいのは、練習グリーンの端から端（最も長い距離）を打つ練習です。とにかく、タッチを磨くには経験が必要ですから、そういう「最長の打感」を経験して、そのときのタッチを脳にインプットしておくのです。

この練習をするときは、「エッジまでオーバーさせないように打つ」「グリーン内に止める」などの制限をつけて、何往復か繰り返すといいでしょう。そうすることで、ロングパットの感覚が自然に磨かれていくはずです。このときの距離は、長ければ長いほど効果があります。経験した距離が長いほど、それより短い距離の精度がアップするからです。

「距離感は、短い距離から身につけ、その距離を少しずつ伸ばしていけばいい」と考える人が多いようです。しかし、経験したことのないタッチは出せませんし、経験が少なければタッチはなかなか安定しません。練習で経験しておくようにしましょう。

ロングパットを打って、グリーンエッジになるべく近づけて止める

ライン全体の20％の地点に目印を見つける

基本的に、実戦における距離感は素振りでつくります。ターゲットを見ながら素振りをし、イメージのなかでボールを転がし、残り距離に対してピッタリの振り幅とリズムを見つけるのです。たとえば、ピンまで10ｍであれば、まずは絶対にショートする振り幅で素振りをします。次に、絶対にオーバーする振り幅で素振りをしてみましょう。その次は、ちょっとショートする素振り、ちょっとオーバーする素振りというように、ショートとオーバーを行ったり来たりすることで、ピッタリの振り幅とリズムを探ってください。

そして、距離に対してピッタリの振り幅とリズムが見つかったら、ターゲットにしっかりフェースと体を向け、その素振りどおりのストロークをやり切ることが大切です。そうすることでミドル～ロングパットの距離感を安定させることができるようになります。

ところが、距離感の悪い人というのは、せっかくいい素振りができても、実際に打つときになるとインパクトの強さだけに意識がいって、フォローが出なくなる傾向があります。

つまり、素振りどおりのストロークがやり切れていないのです。

このような人に実践してもらいたいのは、ライン全体の20％の地点に目印を見つけ、そこに意識を向けて正しい振り幅でしっかりストロークしてフォローを出すということです。意識がボールに近いほどインパクト付近でヘッドが止まりやすく、パンチも入りやすくなります。そこで残り距離に合わせて意識する地点を変え、フォローを出しやすくするわけです。

目印にボールを通過させるイメージでストロークする

残り10mであればボールの2m先、残り15mであれば3m先に目印を見つけ、そこにボールを通過させる意識を持ってください。そうすることで自然にヘッドが出やすくなり、素振りどおりのストロークがしやすくなるでしょう。

パターマットでもタッチは十分磨ける

自宅にあるパターマットで練習をするのではタッチを磨けない――。

そう思っている人が多いようですが、そんなことはありません。たとえば、72ページのボールの30㎝後ろにもうひとつボールを置いて打つ練習、74ページのミニマムバックスイングで球を転がす練習などは、パターマットでも十分にできるはずです。たった2mのパターマットでも、工夫次第で十分に効果を上げることができるのです。

パターマットで練習するときに心がけたいのは、全部同じタッチで入れるということです。マットでたくさん球を打っていると、どうしてもタッチが雑になりがち。

カップの大きさにもよりますが、パターマットの多くはスピードが安定しているので、多少の打ち損じや強弱のミスがあってもカップに入りやすいからです。タッチの練習は入れることが目的ではないので、意味がありません。

手前からギリギリのタッチでコロンと入れるのであれば、常にそのタッチを再現するこ

カップを箱などで半分隠して狙うのも効果が高い

とに集中します。カップの真ん中にボールが落ちるように入れるのであれば、それを繰り返します。このように、狙い通りの入れ方を繰り返すことが大切です。

フックラインやスライスラインを意識するのであれば、カップの右フチ、左フチから入れるという練習も効果的です。引っかけグセのある人は左フチ、押し出すクセのある人は右フチを狙うのもいいでしょう。このとき、カップの左右半分を箱などで隠しておくと、プレッシャーが少し強くなって実戦的になります。ぜひ試してみてください。

第2章のまとめ

◎パッティングはタッチが優先。30～40㎝オーバーくらいを目指す。

◎カップのど真ん中に落とすつもりでパッティングする。

◎見た目である程度の距離を判断できると、タッチを出せるようになる。

◎バックスイングの大きさがいつも同じになっていないか？

◎「自分の得意な距離」をつくろう。

◎「距離の10％曲がるライン」は数字以上に難しい。

◎「カップの入り口」を意識する。

◎カップを中心に大きな円をイメージするとタッチが出しやすくなる。

◎練習グリーンなどで超ロングパットの打感を経験しておく。

第3章

リーディング

ラインを読み切るための3つの基本

まずは、正確なリーディング（ライン読み）を行うために知っておかなければならない3つの基本から紹介していくことにしましょう。

そのひとつめは、なるべく低い姿勢で読むということ。基本的に、立った状態より座った状態。座った状態より顔をグリーン面に近づけた状態の方が左右の傾斜は判断しやすくなります。もちろん、上り下りを読むときや、ロングパットのときまで極端に低い姿勢を取る必要はありません（スロープレーにはくれぐれも注意してください）。

ふたつめは、傾斜を読むときは必ず左右の傾きを読むということ。人間の目というのは、左右の傾きを読むことはできても、上り下りは読みにくいという性質を持っています。ですから、上り下りを読むときもボールとカップを結んだ線の横に回り込み、左右どちらにどのくらい傾いているのかを見て、上り下りの度合いを判断してください。

３つめは、傾斜を読むときは必ず低いほうから読むということ。どういうことかというと、下りならばカップ側、上りならボール側から左右の傾斜を読み、フックラインならラインの左サイド、スライスラインならラインの右サイドに回り込んで、上り下りの傾斜を判断するということです。左右の傾きは、低いサイドから見たほうが判断しやすくなります。高いサイドから見ると傾きを薄く読みやすくなるので注意しましょう。

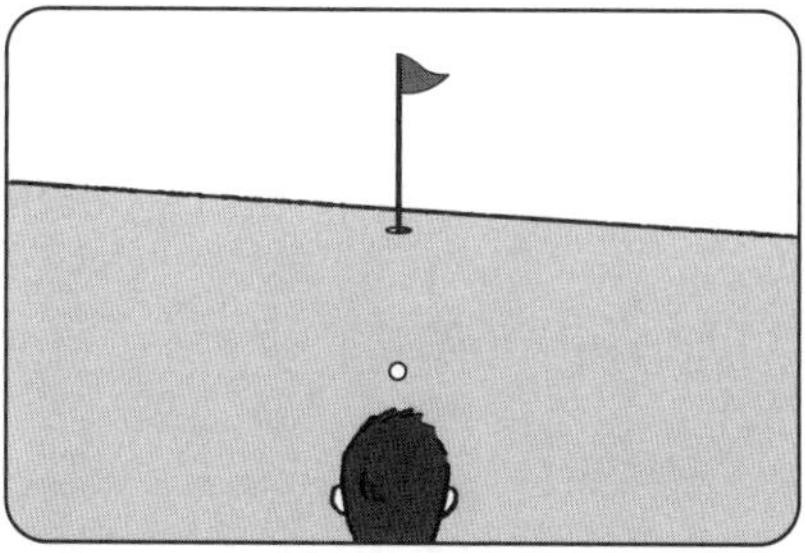

①まずボールの後方からラインを見て、左右どちらにどのくらい傾いているのかを見る

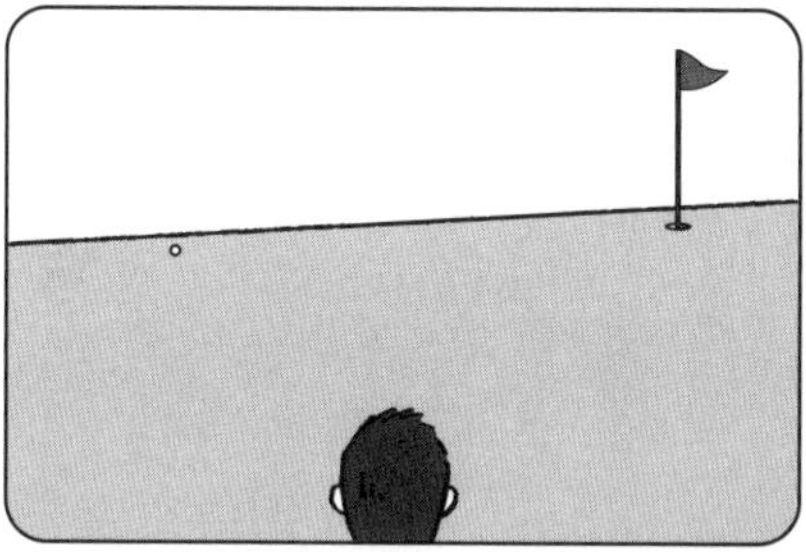

②次にラインの低い側に回り込んで、再び左右の傾きを見る。これによって上り下りの度合いがわかる

曲がりについての基本的な考え方

ラインを正確に読み切るための第一歩として知っておきたいのは、傾斜の向きとカップ位置に対して、ボールがどう曲がるのかということです。

基本的に、単純な受けグリーン（奥から手前に向かって傾斜しているグリーン）で、カップが真ん中に切ってある場合、ボールは図1のような曲がり方をします。

そして、傾斜が強くなるほどボールは傾斜の影響を強く受けることになるので、図2のような曲がり方になりますが、いずれにしてもカップの右からはフック、左からはスライスになるわけです。図で見ると非常に単純で当たり前のことですが、実際コースに出ると、このことを考慮に入れていない人がとても多いようです。

たとえば、同伴競技者が図2のAの位置から下りのスライスラインを打ったとします。すると、Bの位置にいる人は、「向こう(A)が下りなら、こっちからは上りだな」と判断してしまうのです。しかし、カップ横からのライン(B)は打ち出しこそ上りが入っているものの、途中から下りになります。それを単純な上りだと思って打つと大オーバーです。はっきりとした上りや下りはともかく、カップ横からのラインは、グリーンを立体的に把握しておかないと大きく読み違えることになります。これを防ぐためにも、傾斜の向きとカップ位置に対するボールの曲がり方をしっかり理解しておきましょう。

図1

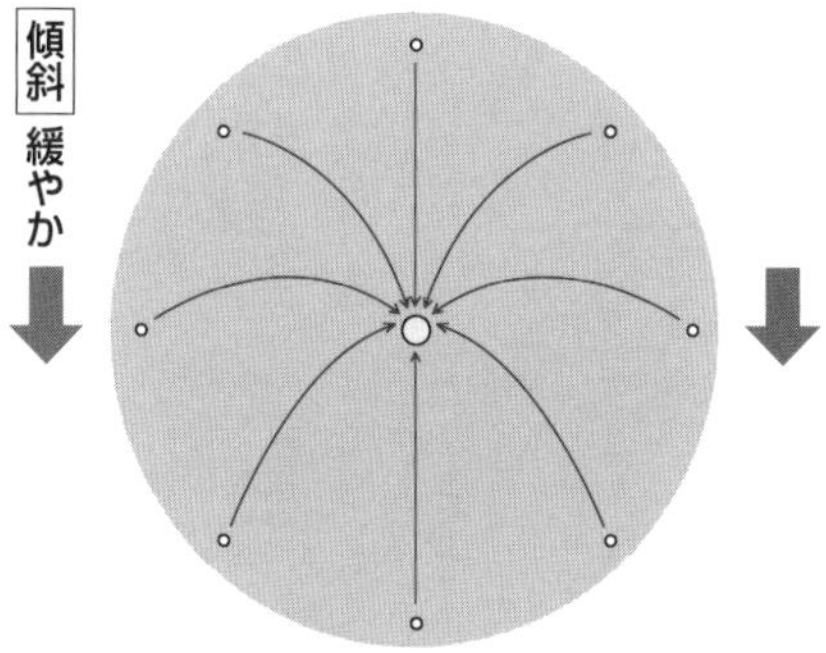

傾斜がゆるやかなときほど曲がり幅は小さく、曲がり始めるのが遅い

図2

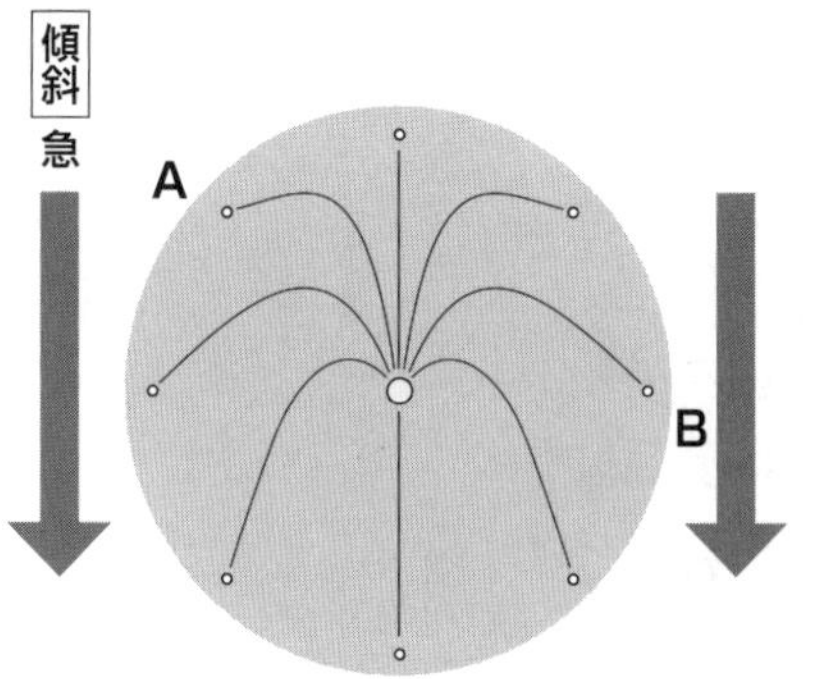

傾斜がきついときは曲がり幅が大きく、曲がり始めるのが早い

まずは、カップの一番高いところを探す

傾斜の向きとカップ位置に対するボールの曲がり方を理解したら、これを実戦のリーディングで活用してみましょう。ポイントは、カップの一番高いところと、下りの真っすぐのラインを見つけることです。それさえわかれば、その瞬間にカップ周りのラインが見えるようになってきます。

たとえば、図のようにAの部分が一番高いという状況であれば、時計で示すと12時のラインが下りの真っすぐになります。これがわかると、ボールがカップに対して時計の6時の位置にあれば上りの真っすぐだとわかるし、2時の位置にあれば下りのフックラインだとわかります。さらに、9時にあれば真横からのスライスラインだとわかるわけです。

よく、「傾斜があるのはわかるけど、どこからどのくらい曲がるのかイメージできない」という人がいます。そういう方は、まずこの基本を理解するようにしましょう。

逆に言うと、これさえ理解できれば1m以内のパットなどはすぐに基本的なラインが見

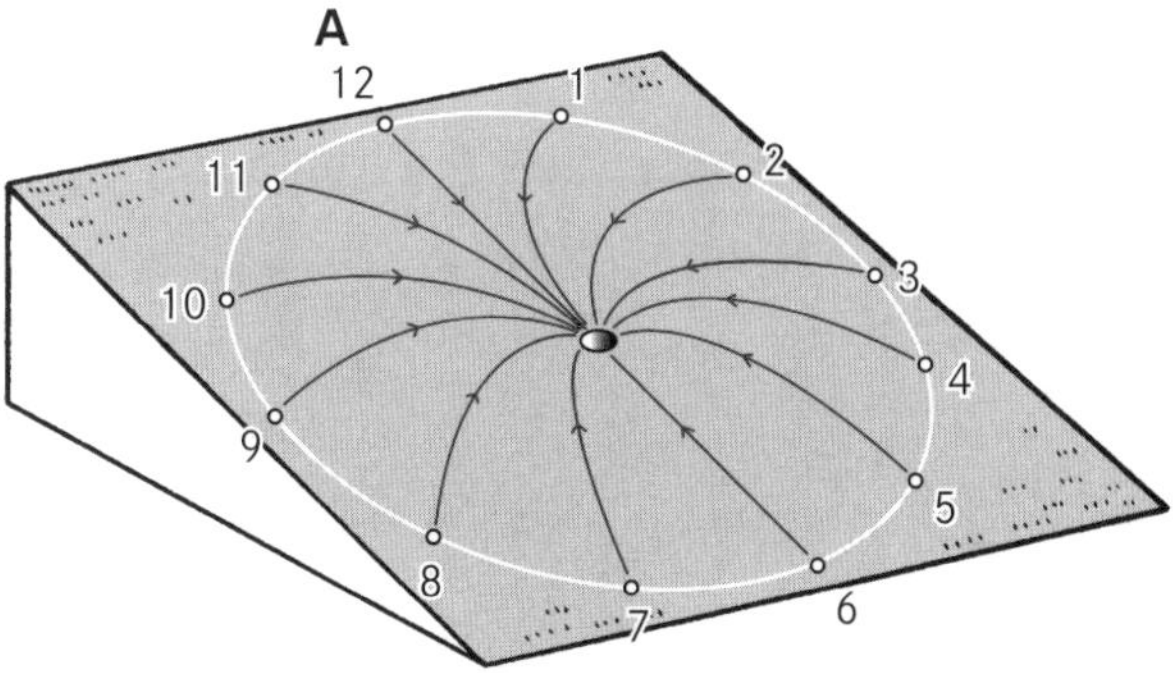

カップに対してボールが何時の位置にあるか、常にチェックするクセをつけよう

えるようになります。

ラインを読むときはまずカップの一番高いところと、下りの真っすぐのラインを見つけます。次に、自分のボールがカップに対して時計の何時の位置にあるかを確認する。そして、基本的なラインがわかると、タッチとイメージを合わせることで正確にラインを読めるようになります。

いつもこの手順を行うクセをつけてください。

上りと下りで描くラインはまったく違う

前ページの基本を理解するときに知ってもらいたいのは、同じ傾斜、同じ距離、同じフックライン（スライスライン）でも、上りと下りでは描くラインが違うということです。

基本的に、上りより下りのほうが曲がり幅は大きく、曲がり始めるタイミングは早くなります。たとえば、カップに対して5時の位置から打つ上りのフックラインは、ある程度真っすぐ転がり、カップに近づいてから曲がります。しかし、1時の位置から打つ下りのフックラインは、少し転がったらすぐ曲がり始めるようなラインを描くわけです。

これは、上りと下りではタッチが違うためです（タッチの弱い下りのほうが傾斜の影響が大きい）。同じ距離でも上りはタッチが強いため、打ち出しはある程度真っすぐ転がり、球の勢いがなくなったところから大きく曲がり始めます。これに対して、タッチの弱い下りは球の勢いがすぐになくなるので、打ち出したらすぐに曲がり始めるわけです。

また、この傾向は傾斜が強くなるほど顕著になります。つまり、傾斜が強い上りはタッ

上りはブレークポイントがカップ寄りにあり（曲がり始めるのが遅く）、下りはブレークポイントがボール寄りにある（曲がり始めるのが早い）

チが強くなるので真っすぐ転がる距離が長くなり、カップにかなり近づいてから曲がる。傾斜が強い下りはタッチが弱くなるので、打ったらすぐに曲がり、その後はほぼ真っすぐなラインを描いてカップに入っていくわけです。

この、球の勢いがなくなって大きく曲がり始める場所を「ブレークポイント」と言いますが、ラインを読み切るにはブレークポイントをどれだけ正確にイメージできるかがカギです。そのためにも、カップのいちばん高いところと下りの真っすぐのラインを見つけて、自分のボールがカップに対して時計の何時の位置にあるかを確認するようにしてください。

グリーンの一番高いところと低いところを見つける

カップまわりだけを見てどこが高いのかを判断するのは難しいものです。そこでやってもらいたいのが、グリーンの一番高いところと一番低いところを見つける作業。それがわかれば、そのグリーンが全体的にどちらに傾いているかを理解しやすくなるからです。

大切なのは、この作業をグリーンに乗る前に済ませておくこと。この章のはじめでも説明しましたが、傾斜というのは低いところから見たほうが判断しやすいものです。グリーンに上がると目線が高くなってしまうため、どこが高くて、どこが低いのかがわかりにくくなってしまいます（スロープレーを防ぐという意味もあります）。

基本的に、グリーンは花道があるサイドが一番低くなっています。まず花道の手前から見渡すと、グリーンの高い部分が見つけやすいはずです。グリーン奥のアプローチなどが残って花道からグリーンに上がらない場合でも、グリーンに近づくときにグリーンのどこが一番高くて、どこが一番低いのかをチェックするクセをつけましょう（ただし、2段グ

グリーンに乗る前に、グリーンのいちばん高いところと低いところを見つけておく

リーンや複雑なアンジュレーションがある場合は、ボールとカップを結んだ線を半径とした円をイメージし、その中で一番高いところと低いところを見つけるようにします）。

そして、グリーン面の大きな傾斜がわかったら、カップの一番高いところを見つけて、そこを中心にラインをイメージしていきます。そうした手順を踏むことで、ライン読みの精度を上げていくことができるのです。

グリーンの50～100Y手前から傾斜を読みはじめる

ラインを読み切るには、さまざまな情報をインプットしつつ、それらを即座に処理してアウトプットする必要があります。パッティングが上手い人はその処理スピードが速く、正確です。

それに対して、パッティングが苦手な人は情報を収集する量が少なく、スピードも遅くなりがちです。自分の番になってからラインを読みはじめる人も多いですが、そこからでは必要な情報は集められないし、プレーが遅くなってまわりに迷惑をかけるだけ。ラインも読み切れないし、読み違えることも多くなってしまいます。

そこで、みなさんにやってもらいたいのは、グリーンの手前50～100Yからグリーン全体の傾斜を読みはじめるという作業です。前項で「グリーンの一番高いところと低いところを見つける」と話しましたが、この作業をグリーンの手前50～100Yからはじめてもらいたいのです。

右手前に花道があるので、「左奥から右手前にかけて傾斜がある」と予想できる

「そんな手前からグリーンの傾斜なんてわかるはずがない」と考える人がいるかもしれません。たしかに、詳細に判断することはできないかもしれませんが、おおよその予想は立てられます。そして、その予想をグリーンに近づいてから確認することで、より正確なリーディングにつなげます。

では、具体的にはどうすればいいのか？

まず確認してほしいのは花道の位置です。多くのグリーンは花道のあるサイドが低くなっているので、右手前に花道があるなら、「左奥から右手前にかけて傾斜があるんじゃないか」という予想が立てられるわけです。

グリーン面がよく見えるサイドは高い

花道があるサイドは低くなっていると言いましたが、花道のないグリーンもけっこうあります。この場合は、フェアウェイからグリーン面を見たとき、左右どちらの面が大きく、よく見えるのかを確認するようにしましょう。

たとえば、左の写真のようなグリーンの場合、左サイドより右サイドのグリーン面のほうがよく見えます。グリーン面が見えるということは、それだけグリーンが受けている証拠。つまり、そちらのサイドが高いのです。

また、2段グリーンのように段差が大きい場合は、かなり手前からでもその段差を確認できるので、この場合も大まかな予想を立てやすいでしょう。

こうしたことがわかってくると、グリーンのかなり手前からでも、グリーンの大まかな傾きを予想できるようになります。そして、グリーンの低いサイドや高いサイドがわかっていれば、ボールが乗った場所とピン位置から、おおよそのラインを予想することもでき

グリーン面がよく見えるのは傾斜がついている証拠

るわけです。

このように、グリーンに上がる前にラインの〝当たり〟をつける。つまり、どんなラインなのかを予想できるようになると、情報の処理量と処理スピードがアップし、リーディングの精度はグンと上がってきます。

もちろん、実際にはグリーンに複雑なアンジュレーションなどがあって予想を裏切られることも多いと思います。ですが、常に高いところと低いところを見つけるクセをつけることで、傾斜を読む力はアップします。

それこそが、リーディングのスキルをアップさせる原動力になるのです。

シミュレーション

ラインを読む3つの手順

では、ここまでの内容を実戦でどのように生かすのか、順を追って見ていきましょう。

あなたの球が残り120Yからグリーンに乗ったとします。カートに乗り込み、グリーンに近づいていきます。グリーンを見ると、花道が左手前にあり、右奥のグリーン面がよく見えています。どうやら、全体的には右奥から左手前に向かって傾斜がありそうです。

あなたのカートはグリーンに近づいてきました。花道方向からグリーンを見渡すと、予想どおり、右奥が高い受けグリーンのようです。ピンは真ん中、ボールはグリーン右手前に乗っているので、「上りのフックかな」と予想することができました。

カートからおりてボールに近づきます。そして、ボールとピンの距離を目測し、ボールを拾い上げた時点で、あなたは「約5mの上りのフック」と判断しました（同伴競技者がアプローチをしているときなどにその転がりを見ておくと、傾斜を確認できます）。

あなたはラインの左側に回り込み（フックラインの場合は左が低いため）、中腰になって上りの度合いをたしかめます。「わずかな上り」と判断したあなたは、カップまわりをよく見て、カップの一番高いところも見極めました。

結局、ボールはカップに対して時計の4時の位置にありました。つまり、このラインは「4時の位置から打つ、5mのわずかな上りのフックライン」と読んだのです。

ボールを拾い上げてからここまで15～20秒。この時点でこれだけ読めるようになれば、なかなかのものです。もちろん、いつでもこんなに上手くいくとは限りませんが、この手順を守ってそれを続けることで、リーディングの経験はどんどん蓄積されていきます。

ラインは3段階の手順で読む

①まずグリーンの50～100Y手前からあたりをつける
②グリーンについたら、どこが一番高いのか、低いのかをチェックする
③カップ周り1mの傾斜を見て、カップの一番高いところを見つける

トゥルーラインでカップインをイメージする

3段階の手順でラインを大まかにつかんだら、そのラインをさらに詳しく読んでいきましょう。大切なのは、必ずトゥルータッチ（カップを30〜40㎝オーバーするタッチ）でラインを読むこと。つまり、実際のラインに対してカップを30〜40㎝オーバーする球をイメージし、そのスピードでカップに入るラインをイメージするわけです。

これは、短いパットだろうと長いパットだろうと同じ。ラインを読むときは常にトゥルータッチでイメージをつくり、そのラインにトゥルータッチの球を打ち出していくためのストロークをします。

おさらいしておくと、トゥルータッチとはボールがカップのど真ん中に落ちる程度の強さです（68ページ参照）。カップの向こう側の壁に当たって入るようでは強く、カップの手前の壁をすべり落ちるように入るようでは弱いと考えてください。

前項の例で言うと、「5ｍの上りのフック」ということがわかっているわけですから、ボールの後ろにしゃがんで左右の傾斜を確認します（下りの場合は、一度カップ側から傾斜をチェックしておくとよいでしょう）。

そして、その傾斜に対してカップの真ん中に落ちるタッチでボールを転がしたとき、どのくらい曲がるのかをイメージするのです。ただ、パッティングの上手くない人ほど傾斜を薄く読む傾向があります。傾斜を薄く読むとカップの低い方に外しやすくなるだけでなく、タッチが強くなってオーバーしやすいので注意が必要です。

このようなミスを防ぐには、ラインによって入り口を変化させるといいでしょう。この方法については次ページで説明します。

「30〜40cmオーバーする強さで打ったとき、どのくらい曲がるか」を読む

傾斜によってカップの入り口を変える

人間の目は実際の傾斜の30～40％しか見えないと言われています。経験の少ない人ほど傾斜を薄く読みやすいというのは、このような理由もあるのです。

ラインを薄く読んでしまう原因は他にもあります。読みが悪い人、ラインをつくらない人は無意識のうちにカップ中央の手前を見て、そこから入るラインをイメージしがちです。しかし、曲がるラインをカップの中央から入れようとすれば、トゥルータッチより強く打たなければなりません。その結果、ラインが薄くなってしまうわけです。

ですから、「このラインは曲がる」と読んだら、その瞬間に入り口を左右に変化させることが大切です。フックなら入り口を右に、スライスなら入り口を左に移動させ、その入り口を見ながら、そこに入るラインを読むのです。

カップの真上と真下（カップに対して12時、6時の位置）から打つとき、入り口はカップの中央でかまいません。しかし、ボール位置が傾斜の真横（カップに対して3時、9時の位置）に近づくほど、入り口を大きく変化させる必要があります。

もちろん、傾斜が強かったりグリーンが速くなったりすれば、カップに対して5時や7時、1時や11時の位置から打つときにも曲がりは大きくなります。その場合は入り口を大きく移動させる必要が出てくるので、臨機応変に対応することが大切です。

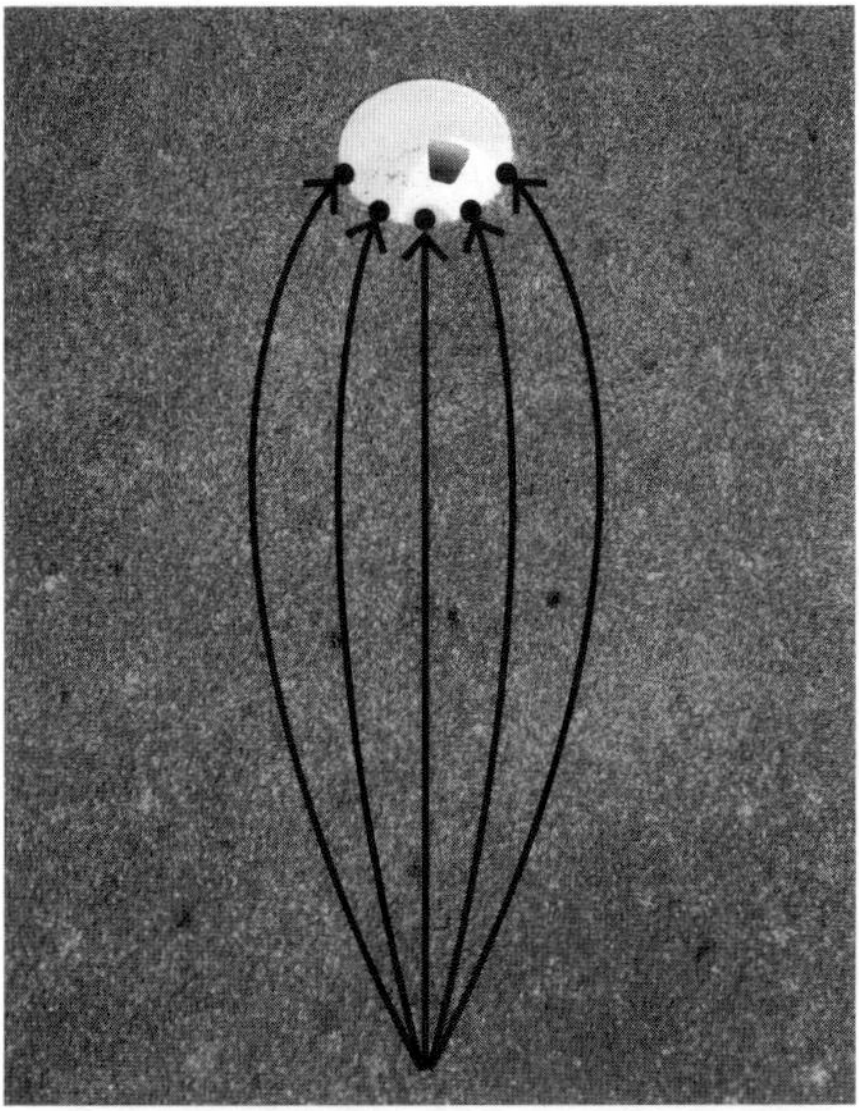
スライスならカップの左、フックならカップの右に入り口を移動させる

最初のうちはその加減が難しいかもしれませんが、はじめは入り口を大きく移動させることで、ラインを厚めに読むといいでしょう。それによって薄く読むことを防ぎ、正しいタッチとラインをイメージしやすくなるのです。

微妙な傾斜は足の裏で感じとる

人間の目が傾斜の30～40％しか読めないことは前述しました。「スライスかと思ったらフックだった」などという経験をしたことがあると思いますが、経験の少ない人ほど、傾斜を目で判断するのは難しく、微妙なラインを読み違えやすいのです。

また、複雑なアンジュレーションが施されているグリーンや、グリーン周りに大きなマウンドがある場合などは、傾斜の度合いや向きを錯覚してしまうことがあります。

このように、細かい傾斜を目だけで読み切ろうとすると読み間違えるケースも多くなるので、注意しなければなりません。

傾斜が微妙でラインに迷ったとき、アンジュレーションが複雑でどちらに曲がるかわからないときは、ボールの後ろやボールからカップまでの途中の位置に立って（ラインを踏まないように注意）、目をつぶり、足の裏で地面の傾きを感じ取るといいでしょう。そうすると、目だけではわからなかった微妙な傾斜を読み取ることが可能になります。

逆に、目をつぶらなくてもはっきり傾斜を感じられるようなら、距離が短くても「大きく曲がりそうだ」「カップを外して狙うラインだな」などと判断できるはずです。

ラインを読み切るには視覚だけに頼らず、五感を研ぎ澄ませ、グリーンの硬さ、傾き、風の向きなどを感じ取り、イメージに反映させることが大切です。

ラインに迷ったときは足裏の感覚で傾斜を感じ取る

読むときにはグリーン奥の景色を消す

傾斜を読むときには、グリーンの一番高いところと低いところを見つけることが大切だと言いました。それがグリーンの傾斜を読む第一歩だからです。ただこのとき、グリーン奥の景色を見てしまうと傾斜を読み違えやすくなるので注意しましょう。

たとえば、グリーン左奥に大きく右に傾いたマウンドがあるとします。このマウンドを見ながらラインを読むと、スライスラインの場合は実際より大きく曲がると読みやすく、フックラインの場合は曲がりを浅く読みやすいのです。

基本的に、グリーン奥の景色はだまし絵のようなもの。グリーンの奥はカップを狙うには影響がないので、それに騙されてはいけません。

このように、グリーン奥に大きなマウンドがあるとき、遠くの山の傾いたラインが見えるとき、林や森のラインが水平なラインを惑わせるようなときには、その景色を消してラインを読むとよいでしょう。帽子のつばのように両手をかざし、グリーン奥の景色を遮ったら、グリーン面の傾きだけを見てラインを読むのです。

　このような状態で読むと、いままでいかにグリーン奥の景色に影響されていたのかにも気づくと思います。いずれにしても、グリーン奥の景色を消すことで、純粋にグリーンの傾斜だけが目に入ってくるようになります。そうすることで、奥の景色に左右されないリーディングが可能になってきます。

両手でグリーン奥の景色を隠し、グリーンのアンジュレーションだけを読むようにする

手のひらでグリーン奥の景色を消すことで、傾斜の判断がしやすくなる

6 ラインの曲がりをイメージするときは体をずらす

ショートパットを読むときの具体的な手順を見ていきます。ここでは108ページで紹介した3段階のリーディングを済ませ、大まかなラインはわかっているとします。

まず、同伴競技者がプレーしている間に、カップの一番高いところをチェックし、ボールがカップに対して、時計の何時の位置にあるかを確認します。この時点で、ある程度のラインはイメージできるわけです。ここで下りが残っている場合、カップの後ろに回り込んで左右の傾斜の度合いをチェックしましょう。下りのラインは、ボールの後ろから見るよりカップの後ろからのほうが傾斜が見やすいからです（上りの場合は省略可）。

そして、自分の番になったらボールの後ろにしゃがみ、本格的なリーディングをはじめます。低い姿勢で左右の傾斜の度合いを判断し、その傾斜に対してボールを転がしたときにどんなラインを描いてカップに入るのかをイメージするのです。

曲がる度合いに合わせてカップの入り口を左右にずらします。スライスの場合は左、フックの場合は右に入り口をずらし、そこから入るラインをイメージするのです。

さらに、曲がるラインを読むときは体を左右にずらしてラインを見るのがコツ。カップ1個ぶんスライスすると読んだら、カップ1個ぶん体を右にずらし、そこからカップに入っていくラインをイメージするのです（フックラインは体を左にずらします）。

最初は体を大きくずらすのもいいでしょう。試しに体をカップ2、3個ぶんずらして、「さすがにここまでは曲がらないな」と感じたら少し戻し、ラインを読み直すのです。

このような手順を踏むことで、打ち出すラインや、カップの入り口がはっきりしてくるので、正確なラインをイメージしやすくなるはずです。

風もラインに大きく影響する

ショットのときには風を気にするプレーヤーでも、パッティングになるとあまり気をつかわないことが多いようです。

ただ、風の影響というのは意外と大きいもの。無風ならカップひとつぶん曲がるラインが、風が強く吹くとカップ2つも3つも曲がるケースもあります。特にグリーンが速いとき、硬いときほど風の影響が大きくなることを覚えておいてください。

私の場合、風が強いときには右手を開き、手のひらを風上に向けて風を感じます。それが一定の強さを越えたら、風をリーディングに反映させるのです。目安としては、グリーン上を枯れ葉がコロコロと転がりはじめたら警戒開始。さらに強い風が吹いて、枯れ葉が舞い上がるようになったら警戒確実といった感じでしょうか。

とはいえ、よほど強い風が吹いているときでない限り、すべてのラインに風を反映させるわけではありません。ラインと風向きの関係によって、風の影響が大きいときと小さいときがあるからです。

風の影響が大きいのは、球の曲がりと風の方向が一致しているときと、下りのラインに対してフォローの風が吹いているとき。この場合には、風の強さに応じてラインとタッチを調整してください。

まず、球の曲がりと風の方向が一致しているとき（スライスラインに対して左からの風が吹いているとき、フックラインに対して右からの風が吹いているとき）ですが、この場合は枯れ葉がコロコロと転がる程度の風でも曲がりが大きくなりやすくなります。風の強さに合わせて、通常よりラインを厚く読んだほうがいいでしょう。

また、下りのラインに対してフォローの風が吹いているときはタッチが強くなりやすいので警戒が必要です。この場合は球の止まり際の転がりが長くなるので、風の強さに応じて、ソフトなタッチを心がけてください。

上りのアゲンスト（向かい風）では、強く打って外したときの返しが怖いです。タッチを強くするというより、イメージしたストロークをやり切ることをいつも以上に意識するようにしましょう。

ミドルパット以上は3分割して読む

ショートパットのライン読みに関しては、前項までの内容をマスターしてもらえれば、かなりの精度が得られるはずです。では、ミドルパット以上の長いパットはどうするのかというと、全体を3分割して読むのがポイントです。残り15mであれば5mずつ3つのエリアに分割し、ボールのスピードとラインをイメージするのです。

考え方としては、まず①全体の傾斜を読み（「曲がりはだいたいこの程度だな」「このくらいの上り（下り）かな」くらいでOK）、大まかなラインをイメージします。

次に、②ショートパットを読む要領で、カップ近くの第1エリアのラインを明確にしてください。カップの周囲1mのいちばん高いところ、カップのいちばん高いところを見つけ、カップの入り口を設定すれば、その手前のラインはほぼ決まるはずです。

それが決まったら、③第2エリアのどこを、どのスピードで通れば第1エリアのラインに乗るかをイメージします。最後に、④第3エリアから第2エリアに入る入り口を見つけてラインをつなげるのです。

第1エリアはカップの入り口、第2エリアはスピード、第3エリアは打ち出しが最も重要なテーマになります。距離が長くなるほど途中に上り下りやマウンドなどの複雑な要素が入ってくるので、ショートパットより細かく読む必要があるわけです。

はじめのうちはなかなか難しいかもしれませんが、慣れてくればこれらを短い時間でイメージできるようになります。いずれにしても、最も大事なのは第1エリア、つまりカップまわりの読みです。ここをしっかり読むことで、その手前のラインは自然とイメージが浮かぶでしょう。

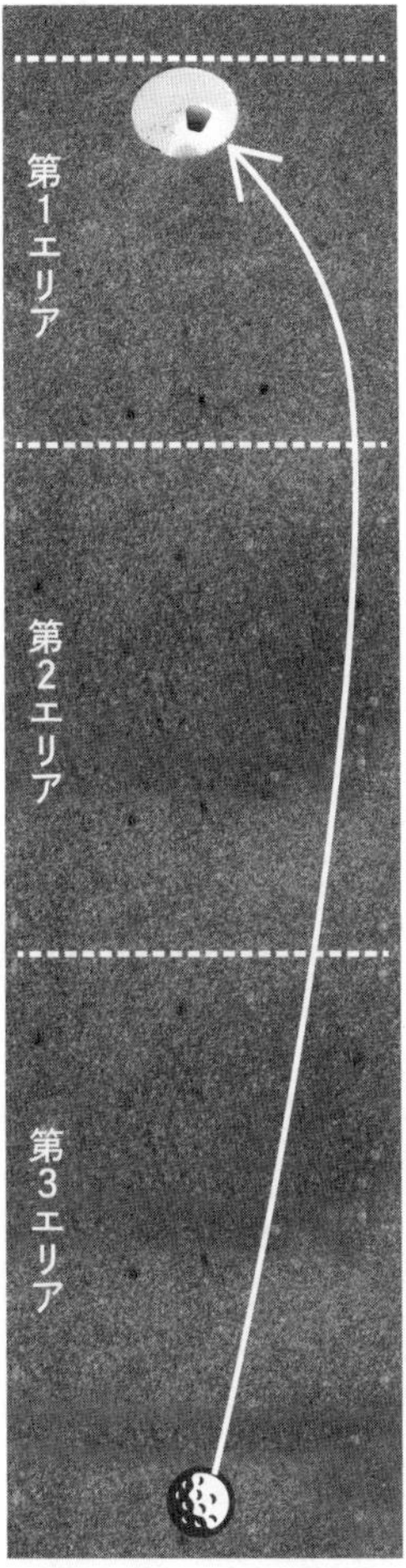

ミドルパット以上はエリアを3分割し、カップ周りから読みはじめる

スネークラインは2分割して読む

アンジュレーションが複雑になると、スライスしてからフックする。もしくはフックしてからスライスするというケースがあります。このように1本のラインの中に、ブレークポイント（球の勢いがなくなって大きく曲がり始める地点）がふたつあるラインを、ダブルブレークラインと呼びます。これは一般的にスネークライン（ヘビのように左右に曲がるため）とも呼ばれますが、この場合は全体を2分割して読むのがコツです。

具体的に言うと、ライン全体を見て、カップに近い第1エリアのラインを先に読み、そのラインに乗せるための第2エリアのラインとタッチをイメージして、そのふたつをつなげるのです。このとき、第1エリアのラインの入り口（曲がりが逆転する地点）にゲートがあって、そこを通過させていくような感じがあるとよいでしょう。

ダブルブレークを読み切れるかどうかは、この「曲がりが逆転する地点」をいかに正確に設定できるかにかかっています。それを手前に設定しすぎればボールはカップの下に外れ、逆に奥に設定しすぎるとボールはカップの上を抜けてしまうわけです。

第1エリアのラインをしっかり読んだら、そのラインにつなげるための「曲がりが逆転する地点」を探り、そこにどんなスピードと曲がりで入っていけば第1エリアのラインに乗せられるかをイメージしてください。注意したいのは、最初の打ち出しが薄くなりやすく、タッチが弱くなりやすいこと。途中で曲がりが変わるラインの場合、第2エリアで打ち出す方向と第1エリアの入り口の向きにギャップがあるため、狙った方向に向き切れず、タッチが弱くなりやすいのです。第2エリアの打ち出しとタッチを明確にして「曲がりが逆転する地点」を通すことが、ダブルブレークの攻略ポイントです。

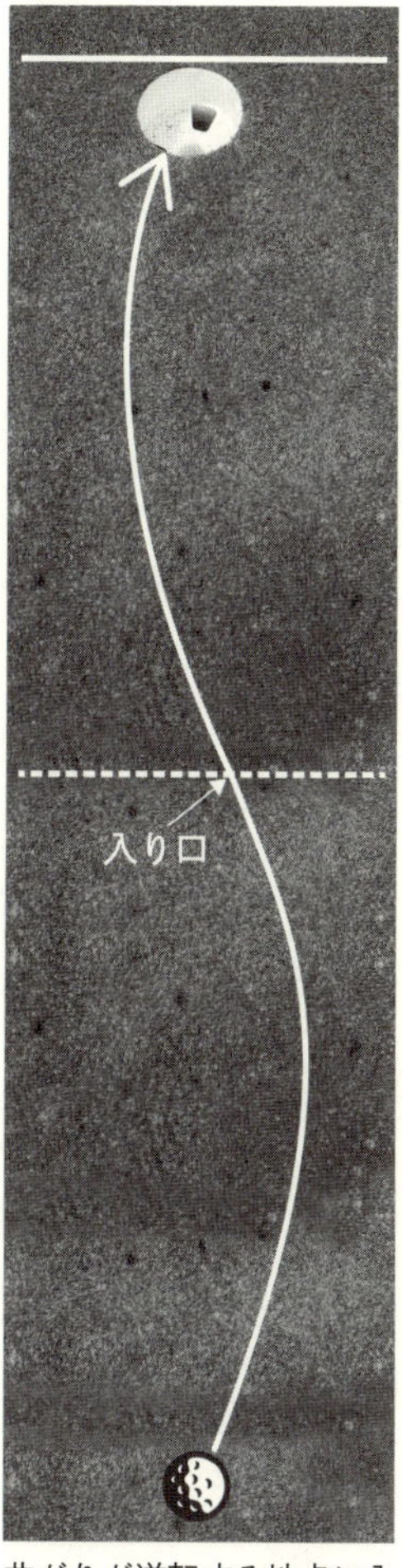

曲がりが逆転する地点に入り口をイメージして狙おう

2段グリーンは段差部分の曲がり方に注意する

リーディングの最後に、2段グリーンの読み方を紹介しましょう。まず覚えておきたいのは、2段グリーンを下の段から上の段に向かって打ったときの曲がり方です。

基本的に、段差を横切るときには球が低いほうに流されやすくなるので、グリーンの左手前から段差を斜めに横切るように打てば球は右に曲がり（図①参照）、逆に右手前から段差を斜めに横切ると左に曲がります。

このとき、段差を横切る角度がきつくなるほど球の曲がりは大きくなります。つまり、下の段の右側から上の段の右側へ打つときはほとんど曲がりませんが、下の段の右側から上の段の左側へ打つときは大きく曲がりやすいわけです（図②参照）。

注意したいのは、段差を上るスピードが速い場合、段差の影響が少なくなるということ。たとえば、段差のすぐ下からグリーン奥のピンに向かって打つときなどは、あまり曲がらないどころか、少し逆に曲がって見えることもあります（ボールが斜面にぶつかったとき

図①

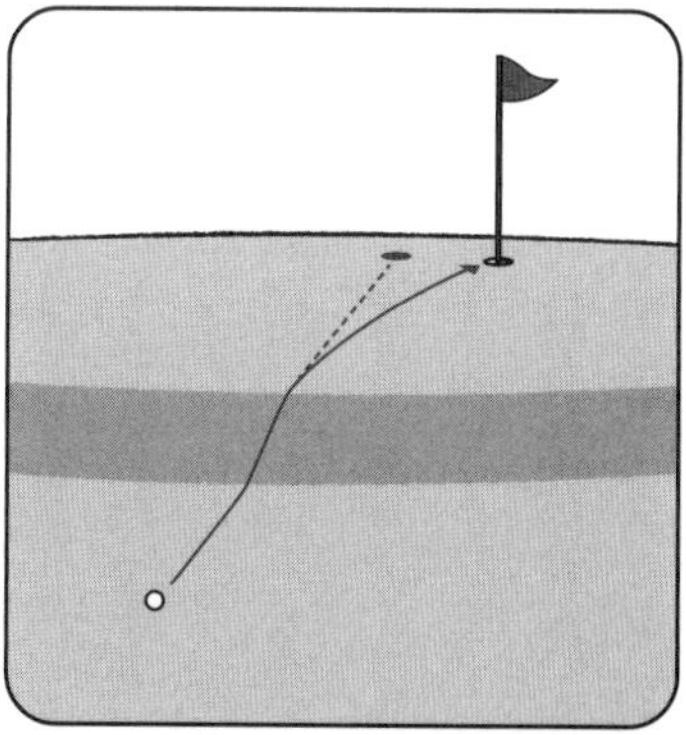

グリーンの左手前から段差を斜めに横切るように打つと、球は右に曲がる

図②

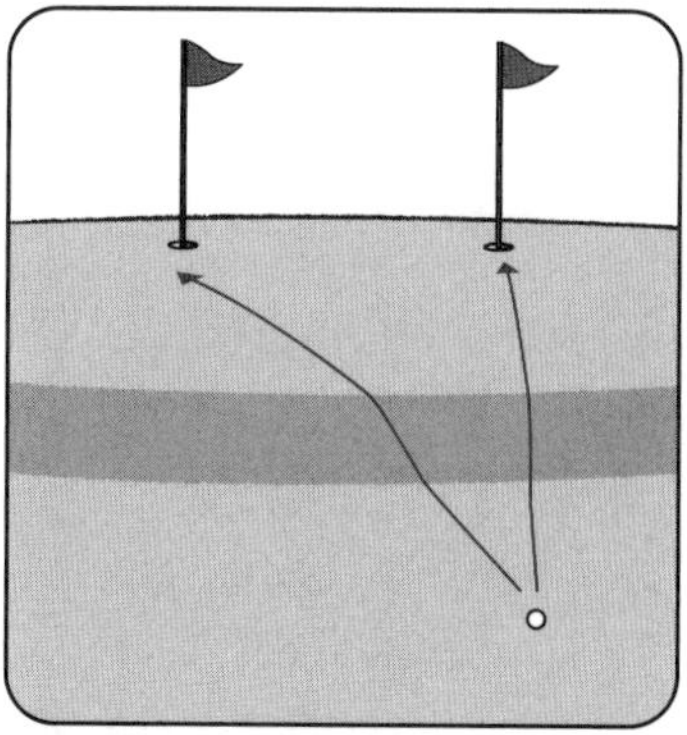

下の段の右側から上の段の右側へ打つときはほとんど曲がらないが、下の段の右側から上の段の左側へ打つときは大きく曲がりやすい

の抵抗があるため)。

ですから、段のすぐ真下から打つときには、段差を上り切って、球の勢いがなくなってから曲がると読み、段差の曲がりを大きく読みすぎないようにしてください。

逆に、上の段から下の段に向かって打つときは、最初に「段差の入り口」を見つけることがポイントになります。つまり、「段差のどのあたりから下りたら、カップに寄りやすいか」をイメージするのです。

まずは段差の入り口にボールがきたとき、どんな軌跡を描いて、どのあたりまで転がるのかを頭の中でイメージしてください。段差を下りるときの惰性でカップに届く、またはカップをオーバーするときには、段差の入り口に止まるか止まらないかのところまで打ち、段差を下りる惰性だけで寄せていきます。

段差を下りる惰性では届かないときには、少しタッチを強め、カップに届くスピードを探っていくようにしてください。

図③

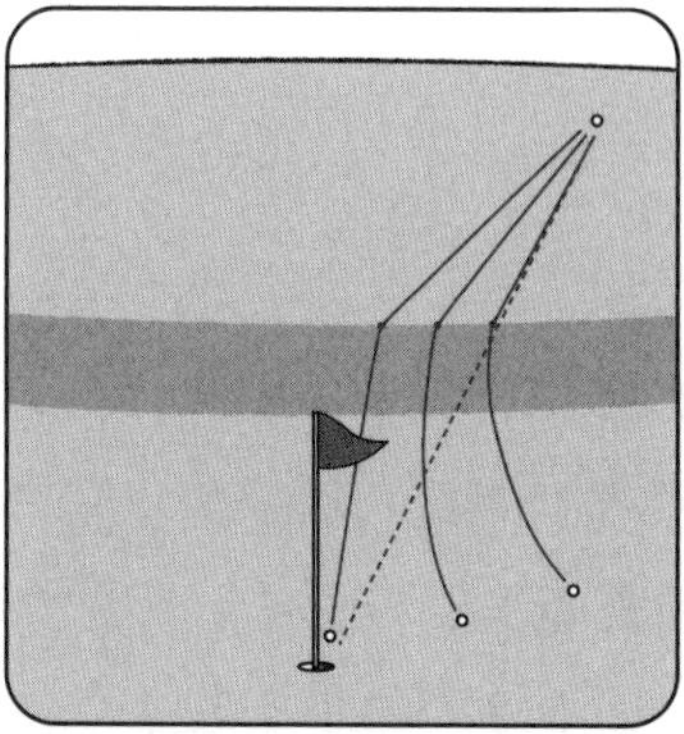

上の段から下の段に打つときは、「段差のどのあたりから下りたらカップに寄りやすいか」をイメージする

第3章のまとめ

◎曲がりを読むにはグリーンを立体的に把握しておく。

◎まずカップの一番高いところと、下りの真っすぐのラインを見つける。

◎上りと下りで曲がり方は変わる。

◎グリーンの一番高いところと低いところを見つけると傾斜がわかる。

◎グリーンに上がる前から傾斜を読みはじめよう。

◎カップ周り１ｍの傾斜を見て、カップの一番高いところを見つける。

◎カップの入り口を意識すると、薄く読むことを防げる。

◎微妙な傾斜は足の裏で感じとる。

◎ミドルパット以上は３分割して読むと、ラインのイメージが浮かぶ。

第4章

1mに強くなる

1mに自信をつけるとパットが上手くなる

タッチとリーディングは、パッティング上達のための2大要素です。このふたつを磨いてラインを読み切り、そのラインにイメージどおりのタッチでボールを打ち出すストロークをやり切ることが、究極の目標だと言えるでしょう。

しかし、すべての距離、ラインを読み切るのはプロでも簡単なことではありません。そこで、早い段階で目標にしたいのが残りの1mに自信をつけるということです。

たとえば1mに自信がつくと、残り10mからでも「カップを中心とした直径2mの円に入ればいい」と考えられます。すると、「2パットで上がれれば良し」という前向きな気持ちになるわけです。この余裕はとても大切で、「ピッタリ寄せないと3パットしてしまう」と思って打つより、結果的にカップに寄る確率が上がります。

また、アプローチが残ったときには、「ピッタリ寄らなくても、直径2mの円に入ればパーの確率は高い」「寄らなくても確実にボギーでは上がれる」と思えるでしょう。グリーンを狙うときも、「少しくらいこぼしてもパーはとれるし、最低でもボギー」と思えます。するとスコアを崩すことが少なくなり、平均スコアは確実にアップするわけです。

このように、残り1mに自信がつくと不安要素が圧倒的に減らせるため、パッティングだけでなく、ゴルフ全体にいい影響を与えることができます。

ですから、パッティングが上手くなりたい、スコアをアップさせたい、ハンディを減らしたいと願うのであれば、まずは1mに自信をつけてほしいのです。

この1mに不安があるうちは、決してパッティングは上手くなりません。ですから、毎日10分でも15分でもいいので1mの練習をして、1mに自信をつけてください。

それこそが、シングルに近づく早道になるのです。

上手くなりたかったら1mを練習する

6 常にフェースの向きをチェックする

1mに強くなるためにまずやってもらいたいのは、ターゲットに対してフェースを真っすぐに合わせること。体の向きがどんなにズレていたとしても、フェースが狙った方向に向いていれば、ボールは狙った方向に打ち出されるのです。

基本的に、体の向きや動きによって軌道がズレたりしても、フェースが狙った方向に真っすぐ保たれていれば、ショートパットは外れにくいと考えてください。

もちろん、これは打ち方が悪くてもいい、体の向きなど気にしなくてもいいと言っているわけではありません。ショートパットにおいて一番大切なのは、ターゲットにフェースをスクエアに合わせて、スクエアにインパクトすることだという意味です。

具体的にどうすればフェースをスクエアにセットできるのか？　まず自宅などでやってもらいたいのが、アドレスした状態からクラブを体の正面に立て、フェースが家の柱などの垂直なラインと揃っているかをチェックすること。逆に、クラブを体の正面に立て、

パターを正面に持ち上げたとき、柱などの垂直なラインに揃っていれば、フェースがスクエアな証拠

フェースを垂直なラインに合わせてから、下ろして構えるのもいいでしょう。

また、フローリング床の、垂直に交わるラインにフェースを合わせる練習も効果的です。このような練習をすることで、スクエアにフェースを目標に向ける感覚が磨かれるでしょう。

ただし、これらの練習は一度やればいいというものではありません。一度できたとしても、徐々にズレてくるものです。常に、フェースの向きやアドレスをチェックすることで、ショートパットの精度が格段に上がります。

6 2個並べたボールを同時に打つ

1mに強くなるには、フェースをスクエアにセットし、スクエアにインパクトすることが大切なことは前項で説明しました。

このスクエアフェースでインパクトする感覚を磨くには、ボールを2個並べて打つドリルがおすすめです。スクエアにインパクトできれば、2個のボールは大きな誤差なく同じ方向に真っすぐ転がります。しかし、フェースの向きが悪いとバラバラに打ち出されるので、正しい動きができたかどうか、自分ですぐにチェックできるわけです。

また、ボールの箱を軽く打つという練習も効果的。スクエアにインパクトして、箱を真っすぐ滑らせようとすることで、スクエアインパクトの感覚が磨かれます。

これら練習をするときも、意識するのはあくまでフェースの向き。スクエアに合わせようとして多くの方はパターのサイトライン（フェース後方の線）を意識していますが、サイトラインを真っすぐ合わせたからといってフェースがスクエアになるとは限りません。

フェースに対して直角となるサイトラインでスクエアに合わせることは難しいのと、サイトラインでスクエアに合わせてスクエアに動かそうとすると、バックスイングでシャットになり、フォローでオープンになりやすい（閉じて開く動きになりやすい）ので注意しましょう。

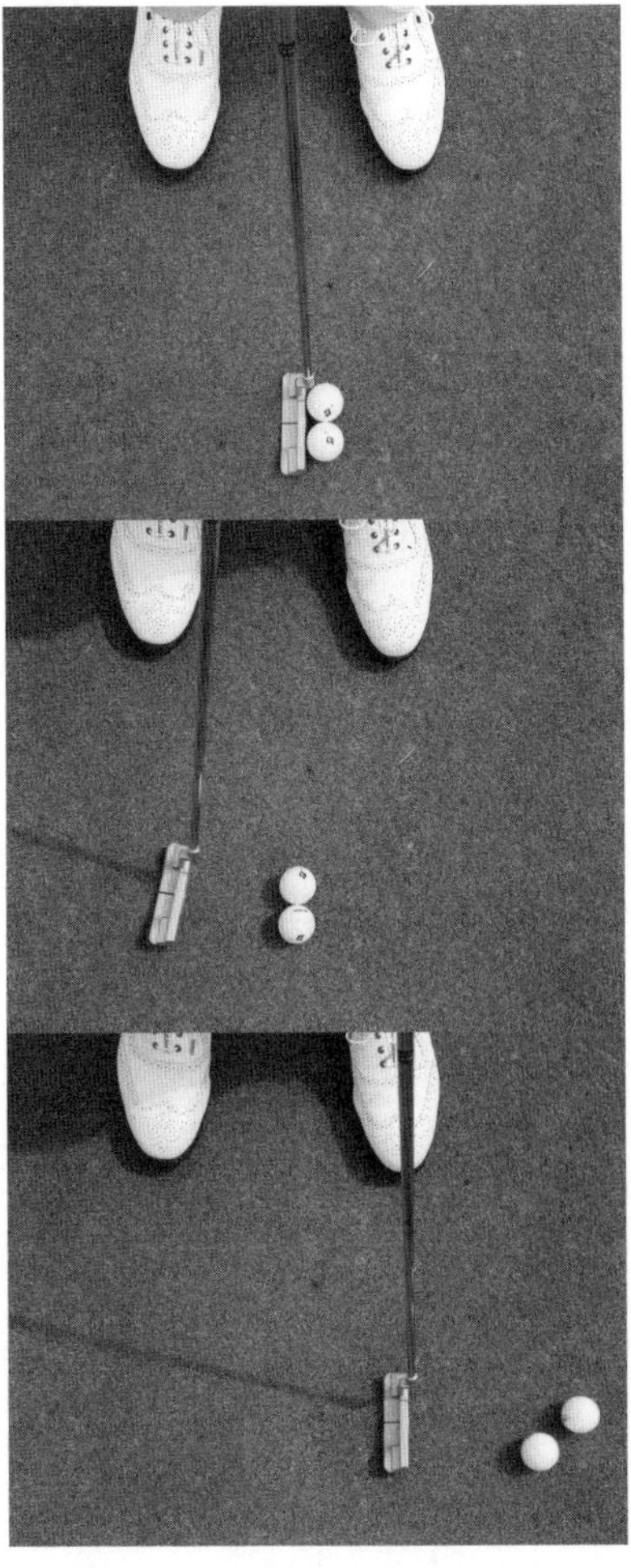

2個のボールが真っすぐ転がればＯＫ

障害物の間を通すとスクエアなインパクトが身につく

インパクトのスクエア感を出すには、障害物の間を通す練習もおすすめです。ボールの先30㎝くらいのところに箱などを2つ並べ（箱と箱の間は、ボールの直径より少し広い程度）、その間を通すようにするのです。

右の箱に当たるのはインパクトでフェースが開いている証拠。左の箱に当たるのはフェースが被っている証拠です。この箱に当たらないように1mが打てるようになれば、ショートパットのミスは確実に減らすことができます。

パターマットで練習するときは、カップを半分隠して練習するといいでしょう。左に引っかけるミスが多い人はカップの左半分を隠し、右に押し出すミスが多い人はカップの右半分を隠して練習すると、悪いクセを修正できます。

また、右手を開いてパーの状態をつくってストロークすると右手のひらでスクエアにとらえる感覚が高まり、スクエアインパクトの精度がアップします。手のひらが閉じればフェースも閉じ、開けばフェースも開く。右手のひらを目標に向けたストロークをイメージすることで、フェース面を感じ取りやすくなります。

短い距離、小さな動きでスクエアにインパクトできないと、長い距離、大きな動きではまずできません。ロングパットの精度を上げるためにも、スクエアセット、スクエアインパクトの精度を上げることが、レベルアップへの近道になります。

スクエアフェースで真っすぐ打ち出す感覚を磨く

スクエアフェースでヘッドを真っすぐ出すドリル

ショートパットではフェースをスクエアにすることが大切ですが、それと同じくらい大切なのが、フォローでもスクエアにキープしたままヘッドを真っすぐ出すことです。

たとえば、フォローをインサイドに出そうとすれば、バックスイングは自然にアウトサイドに上がるようになります。反対にフォローをアウトサイドに出そうとすれば、バックスイングは自然にインサイドに上がるようになる。つまり、フォローサイドの動きが決まると、クラブ全体の動く方向が決まるので、それによってバックスイングも変わるわけです。

同じように、フォローでフェースが狙った方向にスクエアに保たれると反対側のバックスイングも自然にスクエアになり、結果としてスクエアなインパクトをしやすくなります。だから、フォローをスクエアに出すことはとても大切なのです（1mであればフェースの開閉はほとんどなく、フェースをスクエアにしたまま真っすぐ出ます）。

この感覚を磨くには、バックスイングをせず、フォローの動きだけでボールを1m転がす練習をしましょう。これは第3章でも紹介しましたが、1mの精度を上げたいときには、よりフェースの向きをスクエアに保つことを意識してください。

ここまでの練習をやると、狙ったところに真っすぐ構え、球を真っすぐ打ち出すイメージが持てるようになります。残り1mのストレートに近いラインであれば、自信を持って、かなりの確率で入れられるようになるはずです。

フォローだけで入れられるようになると1mがやさしくなる

曲がるショートパットは厚いラインからスクエアを保つ

真っすぐの1mに強くなったら、次は曲がる1mに自信をつけることがテーマになります。よく、「短いパットはカップの内側で勝負しろ（カップの内側を狙って強めに打て）」などと言われますが、カップを外さないで狙えるのは30㎝以下の話。残り80㎝以上になると、カップを外さなければならないラインはいくらでもあるのです。

そのような大きく曲がるショートパットを残したときに注意したいのは、スライスラインを左に引っかけてしまうミスと、フックラインを右に押し出すミス。これは、強い傾斜を目と足の裏で感じたときに過剰反応して出ます。

このミスが怖いのは、カップの左右どちらにも外れるということ。たとえば、スライスラインを左に引っかければ、普通はカップの左に外れます。しかし、スライスラインを左に引っかけると、傾斜の高いほうに打ち出すことになります。すると、上り斜面にぶつける形になるため、タッチが予想以上に弱くなり、曲がりも大きくなってカップの右に外れるケースも出てくるのです（フックラインの場合は逆）。

このようなミスを防ぐには、ピッタリのタッチで入る、いちばん厚いラインに向いて構え、スライスラインの場合はそれより「左に出さない」、フックラインの場合はそれより「右に出さない」という狙い方をするといいでしょう。

たとえば、写真のようなスライスラインであれば、まずカップにギリギリ届く強さでラインを読みます。そのラインの打ち出す方向がAだとすれば、Aに向いて構え、それより左には絶対に出さないように転がすのです（フックラインの場合は逆）。

このような狙い方ができるようになると、スライスラインを左に引っかけるミス、フックラインを右に押し出すミスを防ぐことができます。

残り80㎝～1ｍから傾斜の強いラインでミスをすると、1ｍから3パットしてしまう危険もあります。そういうミスを避けるためにも、このテクニックを覚えておいてください。

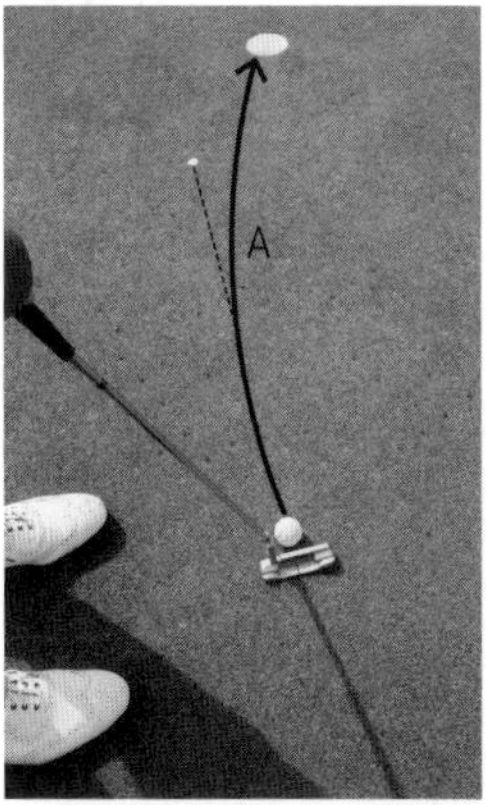

いちばん厚いライン（A）に向いて、それ以上左に出さないように転がす

6 ラインに対してボールを真っすぐに置く技術

ショートパットを入れるには、ラインに対して真っすぐボールを打ち出すことが何より大切です。その精度を上げるには、多くのプロが実践している方法でご存じの方も多いと思いますが、ボールに線を引き（線入りのボールも市販されています）、その線をラインに合わせて置くといいでしょう。ロングパットではタッチに集中するためにボールの線を意識しないほうがいいケースもありますが、1.5m以下のショートパットでは、ボールの線をラインに合わせることで方向性が確実にアップするのです。

ただ、すでに実践されている方も多いと思いますが、私が見たところ、このボールの置き方が雑な人が多いようです。せっかくラインを正確に読み、思ったとおりのストロークをしても、ボールの置き方が悪いとラインが合わずにボールはカップに入ってくれません。ですから、ボールの線を利用して方向性を出すのであれば、普段からボールの線をラインに真っすぐ合わせる訓練をしておく必要があるのです。

また、ボールの線をラインに合わせて打ったとき、その線がブレずに転がっているかをチェックすることも大切です。線がブレてしまうのは、アライメント、打点、軌道、フェース向きのいずれかがズレている証拠。これはショートパットを外す原因になるので注意しましょう。この場合もパターマットなどを利用して、ボールの線をぶらさずに転がす練習で正しいストロークの感覚を身につけておいてください。

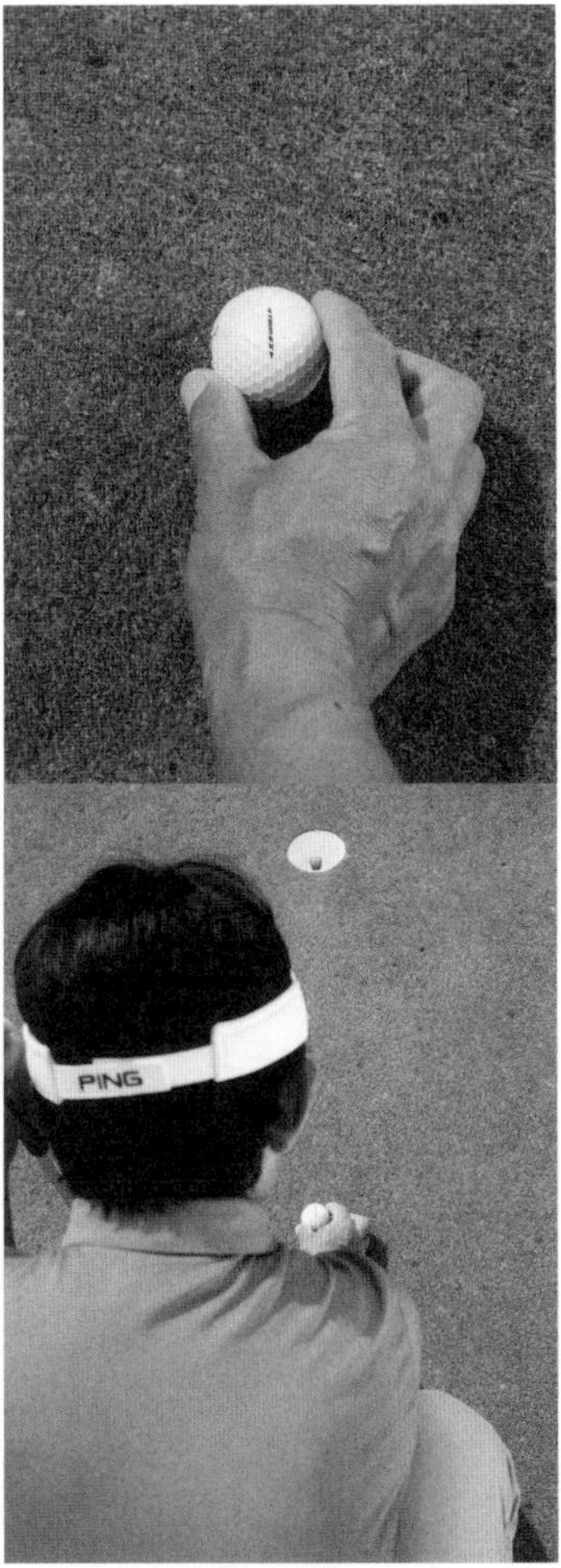

線を引いたボールをラインに真っすぐ、ていねいに置く

始動に悩んだらカップに入る映像を逆回転させる

パッティングは、練習すればするほど上手くなれるものです。ただ、やればやるほど、その怖さを知ることになるのも事実。初心者のころは1mを普通に打てたのに、構えてからなかなか動き出せなくなる。そんな経験をしている人は少なくないと思います。

パッティングの始動に悩んだときには、「動きを完全に止めていないか」をチェックしてみましょう。アドレスとは静止するものだと思っている人は多いですが、人間は一度動きを完全に止めてしまうと、再び動き出すのが難しくなります。プロや上級者は、一見静止しているように見えても、必ず体のどこかを動かしているのです。

アドレスに入りながらも、スパイクの中で足の裏を目に見えないほど小さく足踏みしたり、グリップをミルキングしたりする（牛の乳を搾るように、グリップを握ったり緩めたりする）などなど。体の一部、もしくは全体をわずかに動かし、その動きの流れの中でストロークをはじめると、始動がスムーズになります。

カップに入ったボールが、同じラインを描いて戻ってくる映像をイメージする

また、「映像を逆回転させる」のもいい方法です。アドレスに入ったら、自分が読み切ったラインでボールがカップに入る映像をイメージします。次に、その映像を逆回転させるのです。つまり、カップに入ったボールがカップから出てきて、ラインを逆に描きながら、アドレスの位置に戻ってくる映像を思い浮かべるわけです。その映像からボールが戻るスピードに合わせてテークバックすると、ヘッドがスムーズに上がるイメージがつくりやすくなります。ぜひ試してみてください。

第4章のまとめ

◎1mのパットに自信をつけると、ゴルフ全体のいい流れがつかめる。

◎フェースの向きが真っすぐかどうか、常にチェックしよう。

◎2個のボールを同時に打つ練習で、フェースがスクエアかを確認する。

◎障害物の間を通す練習でスクエアセット、スクエアインパクトの精度を上げる。

◎曲がるショートパットは厚いラインからスクエアに保つようにする。

◎ボールにラインを引いたら、打ち出す方向にていねいに合わせる。

◎パッティングの始動に悩んだときは、「動きを完全に止めていないか」をチェックする。

第5章

パター選びと実戦の心得

パターの形状は自分のストロークに合わせる

再現性の高いストロークをするには、パター選びも重要なポイントになります。自分に合ったパターとそうでないパター、自分が目指す動きがしやすいパターとそうでないパターでは、スキルが同じでもその精度に差が出てしまうからです。

現在市販されているパターにはさまざまな形状がありますが、大別すると大型のネオマレット型と、小型のブレード型（L字マレット、ピンタイプなど）に分けられます。

ネオマレット型はフェース後方部分が長くなるほど重心深度が深く、直進性が高くなります。つまり、パター自体が真っすぐ動きたがる性質を持っているということです。

ですから、ストローク中のフェースの開閉を小さくしたい人、なるべくストレートな軌道で打ちたい人、ボールを目の真下に置く人に合うパターだと言えます。

このタイプは慣性モーメントが大きいため、微妙なタッチを出したり、細かいフィーリングを出したりするのには向きません。どちらかというと、ロボットのように同じ動きを

ネオマレット型（右）は、方向性、ショートパット重視の人向き。ブレード型（中、左）は距離感、フィーリング重視の人向き

したい人、フェースの向きを安定させたい人、ショートパットが苦手な人や打点が安定しない人が使うと、その特徴によるメリットを享受しやすくなります。

一方、ブレード型は打点のズレには弱いものの、細かいフィーリングを活かしやすいのが特徴。自然なフェースの開閉を使いたい人、ボールと体との距離を離してインサイドインの軌道で打ちたい人、方向性には自信があってタッチを重視したい人に合っています。打点が安定していないと方向性や距離感に影響が出やすいので、上級者向きというイメージかもしれませんが、タッチを磨くにはこちらがおすすめ。初・中級者が使っても効果を発揮してくれます。

グリップの太さはどのような影響を与えるか

パターの形状と同じくらい大切なのがグリップの太さです。「スーパーストローク」に代表されるような極太グリップの登場によって、近年はさまざまな太さのグリップが選べるようになりました。これを上手に選ぶことで、タッチや方向性の精度を上げることができるので、その選び方を紹介しておきましょう。

グリップが太くなればなるほど手首の動きが制限され、それとともにストローク中のフェースの旋回が抑えられます。ムダなリストワーク（緩んだり、パンチが入ったりする動き）が減ってフェースの向きが安定するわけです。ただし、グリップの厚さがあるぶん手のひらがシャフトから遠ざかるため、細かいフィーリングは出しにくくなります。

タッチより方向性を重視する人、ショートパットが苦手な人、鈍感にストロークしたい人などがグリップを太くすると、ストロークの精度をアップできる可能性があります。

逆に、グリップが細くなればなるほどリストワークが使いやすく、フェースが旋回しやすくなるとともに、打感が手のひらに伝わりやすいため細かいフィーリングやタッチが出しやすくなります。タッチを重視する人、フェース向きが安定していて微妙なタッチを使い分けたい人、細かいフィーリングを大切にする人などは、細いグリップのほうが自分の感性、リズムを安定させやすいでしょう。

このように書くと、初・中級者の方に太いグリップをすすめているように感じるかもしれませんが、初心者でもまずは細いグリップからはじめるのがいいと私は考えています。タッチを優先するには細いグリップのほうが有利だからです。まずは細いグリップでやれるところまでやって、それから太いグリップを試すか、細いグリップのままでいくのかを決めるようにしてください。

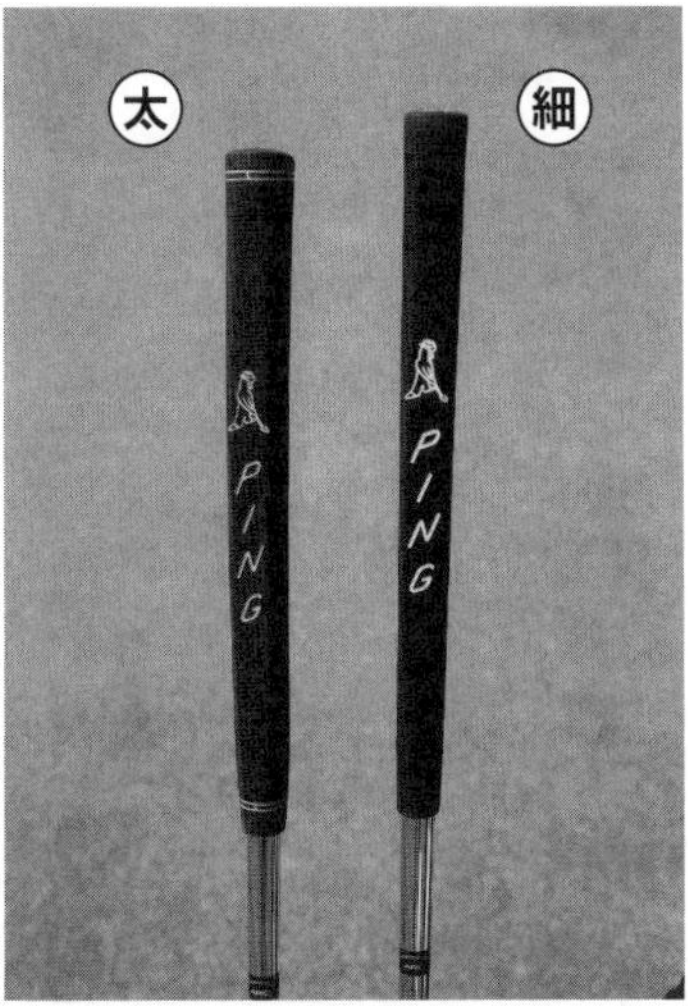

太いグリップは方向性がよく、ショートパットに強い。でも、まずは細いグリップでタッチを磨いてほしい

目をつぶった素振りで自分に合った長さがわかる

次はパターの長さについてです。市販モデルで言えば、33〜35インチくらいが標準的ですが、自分に合った長さを選ぶとリズムが安定し、ストロークの再現性が高まります。

基本的には、スタンスの広い人、前傾角度の深い人、両腕を三角形に構えたい人は短いシャフトが合います。逆にスタンスが狭い人、前傾角度が浅い人、両腕を五角形にして構えたい人は長いシャフトが使いやすいでしょう。

パターの長さが自分に合っているか確認したいとき、パターを替えるときのために、チェック方法を紹介しておきます。

まず自分のパターを普段より短く握り、目をつぶって連続で素振りをしてみてください。はじめは2ｍを打つつもりで。それを数回繰り返したら、徐々にストロークの幅を大きくし、最後は10ｍくらいを打つつもりで素振りをします。

次に普段より長く（グリップエンドぎりぎりで）握ってみて、同じように目をつぶって連続素振りを繰り返してみましょう。すると、長さによって微妙なフィーリングの違いがあることに気づくはずです。あとはその中から、最も肩がリラックスして、ヒジがスムーズに動き、同じリズムで動きやすい長さを見つけるようにします。

パターの長さが変われば重さやバランスが変わるため、そのパター自体が持つリズムを感じられます。その中で最も動かしやすいものが、自分にとってピッタリの長さであり、自分のリズムに合ったパターなのです。

目をつぶって連続で素振りをすると、リラックスして振れる長さが見つかる

ショートパットの怖さを知る

アマチュアゴルファーの方に、「あなたにとって、絶対に入る距離はどれくらいですか？」と聞くと、ハンディが高い人ほど長い距離を答える傾向があるようです。50㎝、80㎝などは当たり前で、人によっては1ｍなどと答えることもあります。

これに対して、プロは総じて短い距離を答えます。片山晋呉プロなどは、「10㎝かな」と言いました。私はさすがにゴルフを知っているなと感じました。

何を言いたいのかというと、長い距離を答える人ほどショートパットの怖さをわかっていないのです。残り50㎝だろうと、カップを外して狙うラインはいくらでもあります。それを読み切って、そこにきっちりとフェースを向けて打てる人は本当に少ない。つまり、普段は目をつぶっても入れられる50㎝でも、外れることは大いにあるのです。

その点、プロはどんなに短い距離でも、状況やラインによっては「外れる可能性がある」ということを知っています。片山晋呉プロは、ボールの外周より短い距離はよほどのことがあっても外れないと知っているから10㎝と答えたのです。

このように書くと、「怖さなんて知らなくてもいいんじゃない?」と思う人がいるかもしれません。しかし、この怖さを知らないと、結果的に自分にプレッシャーをかけて、パットが外れる原因をつくってしまうことになるのです。

たとえば、絶対入る距離が80㎝と答えた人は、残り80㎝は「絶対に入る」と思っています。しかし、大きく曲がる80㎝のラインに出合うと、その人は、「絶対に入る」とは思えなくなる。もしかすると外れるかもしれないけど、「この距離は絶対に入れなきゃ」と考えるようになるのです。このプレッシャー(心の揺れ)があると体がスムーズに動かなくなり、ミスパットの原因になります。さらに、絶対に入ると思っていた距離を外したときのショックは大きく、その動揺が次のプレーに影響をおよぼします。

だからこそ、ショートパットの怖さを知ることは大切なのです。

どんなに短くても、状況やラインによっては外れるかもしれない。そういう考えを持ってからプレーに望めば心にかかるストレスは軽減され、そのショートパットを外したとしても冷静に分析できるので、「仕方がない」と思えるようになります。

自分の「入れにいく距離」を決めておく

「絶対に入る距離」と同じように、自分にとっての「入れにいく距離」を知っておくことはとても大切です。「絶対に入る距離」が100％入る距離だとしたら、「入れにいく距離」は、ラインがやさしければかなりの確率で入れられる、読み切って入れられると、気持ちが前向きになれる距離のことです。

たとえば、残り1ｍのショートパットを、「オーバーしたら次のパットが怖い」と言ってショートする人がいます。これは無意識のうちに「入らない」ことを前提にしてプレーしたミスだと言えるでしょう。しかし、1ｍは誰にとっても「入れにいく距離」。そんなときに外れることなど考えてはいけなかったのです。

逆に、4～5ｍの距離を無理に入れにいって、大オーバーさせてしまう人もよく見かけます。4～5ｍというのは、「入れにいく距離」としては長すぎます。それを無理矢理狙いにいくから大きなミスになってしまう……。これらのミスは、「入れにいく距離」を知らないことに大きな原因があると言えます。

プロの場合、自信を持って入れにいく距離はおよそ2mです。もちろん、3mでも5mでも普通に入れますが、そのときは「入れにいく」というより、「そのラインを読み切り、イメージしたタッチで、狙ったラインに打ち出そう」「ストロークをやり切ろう」という意識が強くなります。

結果的に入ったとしても、プロにとっても3m以上は、事前に「入るのが当たり前」という気持ちをつくる距離ではないのです。

アマチュアゴルファーのみなさんの場合も、「入れにいく距離」は2mでいいと思います。ただし、「入れにいく」のはやさしいラインだけにしておきましょう。1カップ以上曲がるラインの場合、「入れにいく」というより「ラインを読み切って、タッチに合ったストロークをやり切る」という意識で打ったほうが確率は上がります。

くれぐれも過信は禁物。過信は大きなミスにつながるものです。

パットは一期一会。同じパットは二度とない

たとえば、ある人が15ｍのパットを6ｍショートしたとします。

その人は、「あー、思っていたより重かった!」などと言いながら次のパットを打ち、今度はカップを大きくオーバーさせてしまう……。みなさんもよく見かける光景なのではないでしょうか。

これは、前のパットがショートしたから、次のパットを強く打とうとして失敗してしまったわけですが、実は前のパットの状況は次のパットの参考にはなりません。

たしかに、同じ15ｍのパットを同じ位置から打てるのであれば、「さっきより強めに打とう」という対策が功を奏すことはあります。

しかし、実際にはまったく違う場所から違う距離のパットを打つわけですから、そうした対策はほとんど役に立たないのです。その人がそのパットを成功させるには、気持ちを新たにして、この6ｍのパットをしっかり読み切って打つべきでした。

同じように、「前のパットを左に引っかけたから」「さっき3パットしたから」「次のパットを外したら」などなど、人はとかく前後のパットに影響されがちです。

しかし、過去や未来に意識がいくと、体がスムーズに動かなくなって打ち切れなくなってしまったり、過剰に反応してタッチが狂ったりしやすくなったりしてしまいます。一度プレー中にミスすると再び起こることがあるので、注意しなければなりません。

つまり、パットは一期一会。どんな場面のどんなパットでも、大事なのは目の前の1打に集中することです。そのタッチとラインを読み切って、狙ったところに、狙ったタッチでボールを打ち出すことだけを考えてストロークしましょう。

同じコースを何度回っても、まったく同じ場所から打つことはありません。仮に同じような場所から打つことはあっても、カップの位置、風、気温、湿度、グリーンの状態は日々変わるのですから、「同じパット」を打つことは絶対にないのです。

前のパットを引きずり、次のパットに惑わされることのないように、毎回正しく読み切ろうとする意識を持つようにしてください。

「3種類の素振り」を使い分ける

私は普段、状況に合わせて3つの素振りを使い分けています。タッチをつくるロングパット用（距離感重視）の素振り、ストロークと軌道をチェックするショートパット用（方向性、再現性重視）の素振り、ラインに迷って打ち切れないミスを防ぐための素振りです。

ロングパット用の素振りは、ターゲットを見ながら行います（88ページ参照）。イメージの中でボール転がしながら、残り距離に対して「これならピッタリだな」というスピードに合った振り幅とリズムを見つけるのです。カップを見ながら素振りをすると、距離に合った振り幅、リズムが焼きつけられるため、それを再現しやすくなります。

ショートパット用の素振りは、ストレートな軌道とスクエアなフェース向きを意識して、そのときのヘッドの残像やフィーリングをイメージの中に焼きつけます。さらに、地面に置いたクラブ（アプローチに使ったウェッジなど）に沿って素振りをするのも効果的。

ショートパットには方向性、再現性が求められます。入れにいくとき、確実にそこに打ち出したいとき、この素振りで集中力を高めて気持ちが波打つのを抑えるのです。

ラインに迷ったときはバックスイングしない、フォローだけの素振りをします。曲がり幅やタッチに迷いがあってヘッドが出にくいようなときは、しっかりフォローを出すリハーサルをするとストロークが緩んで打ち切れないミスを防げます。スコアやプレーの流れでプレッシャーがかかるとき、プレーリズムが良くないときに効果的です。

長いパットは目標を見ながら素振りする

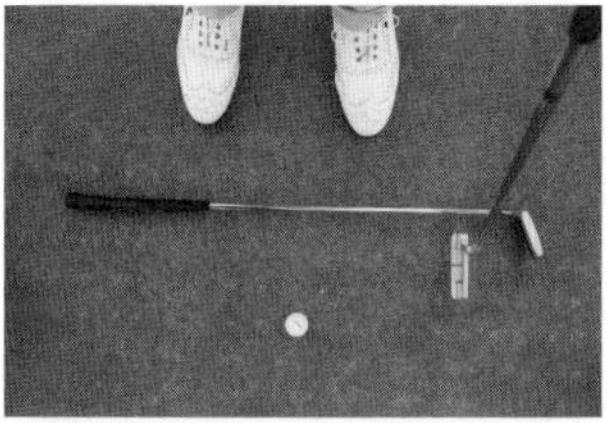

短いパットは軌道とフェース向きを意識する

迷ったときはフォローだけの素振りで

ピンは"さしたまま"のほうがメリットは大きい

2019年からルールが変わり、ピンをさしたままパッティングできるようになりました。さしたままか抜くか、さまざまな意見がありますが、私は常にピンをさしたまま打つようにしています。プレー時間を短縮できるうえに、ピンをさしていると「そこに当てる」という意識になるため、しっかりしたタッチで打てるからです。

よく、「下りはさしておくが、上りは抜く」という人がいますが、しっかり打つという意味では、上りこそピンをさしておくべきでしょう。特に打ち切れないミスが多い人などは、ピンをさしたまま打ったほうがカップインの確率は間違いなく高まります。

また、ピンをさしておいたほうがターゲットがはっきりします。するとミドルからロングパットの距離感も出しやすくなり、ショートパットの方向性も良くなります。

ピンに弾かれるのが怖いという意見もありますが、よほど強く打たない限りそうはなりません。たしかに、アルミ製の太いピンなどは弾かれやすいので注意が必要かもしれませんが、トゥルータッチで打てばどんなピンでも弾かれないものです。

気をつけたいのは、ピンをさしたままだとタッチが強くなりすぎるケースがあること。外れたときに大オーバーしてしまうので、気をつけてください。

私がピンを抜くのは、強風でピンフラッグが大きく揺れていたり、影が気になるときくらいです。目標が動いていると、体とフェースの向きを合わせにくくなるし、ピンが大きく揺れていると根本が傾いてカップの入り口が狭くなる可能性があるからです。

強風のときはピンが大きく揺れるため、カップに入らないことがある

ラインの下側には絶対に打たない練習

曲がるラインに強くなるためにやってもらいたいことがあります。それは、ブレークポイント（ボールの勢いがなくなって曲がりが大きくなりはじめる地点）の内側に目印（Ⓐ）をつくり、それより低い方には絶対に打たないという練習です。

練習グリーンでやるときは、まず3〜5ｍのある程度曲がるラインを見つけて、ブレークポイントの内側あたりにティーをさして、そのティーより高い方を通すようにします。

基本的に、アマライン（ラインの低い側）と呼ばれる低い方に外れた球は、絶対にカップに入りません。ですから、どんなラインでもラインの内側（下側）に打たないようにすることがとても大切です。実際にラウンドするときは、ラインの内側にガードレールをイメージして、そのガードレールを越えないように打ちます。ガードレールを越えた球は、崖の下に落ちてしまう。そんな意識でもいいでしょう。

特に大きく曲がる場合、１本の細いライン上をイメージどおりに転がすのは上級者でも難しい作業になります。しかし、ラインというのは決して1本の細い線ではなく、ある程度幅を持った太さのある線なので、距離を合わせつつ曲がるラインに乗せたいときは、「この1点を通す」と考えるより、「この位置より内側に打たない」と思って打ったほうがラインにも厚みが出せるので、結果が良くなります。

この「ラインの下には打たない」という意識は、短いパットから長いパットまで持つようにしてください。距離感に自信のない人の場合は、ショートパットだけでもかまいません。また、パッティングを理解してさらに上のレベルを目指すのであれば、やはりミドルパットもロングパットも、カップの下側に外さない努力をしてください。

目印Aより下に打たないことで、カップインの確率が上がる

アマラインに外してもいいときがある

前項で「アマライン（ラインの低い側）に外すのはよくない」と言いました。カップの下に外した瞬間、ボールがカップインする確率はゼロになってしまうからです。

アマラインに外す最大の原因は、傾斜を薄く読んでしまうことにあります。これについては第4章のリーディングで詳しく書きましたが、タッチとリーディングの精度が低いうちは見た目より厚く読むようにして、傾斜より低い方に外さないことが適正なタッチとラインを手に入れるポイントです。

しかし、長めのミドルパットやロングパットをアマラインに外すことは、実はそれほど悪いことではありません。特に距離感に自信のない人の場合、意識的にアマラインに外してもいいのではないかと思うくらいです。アマラインに外れると、必然的に上りのパットが残ります。つまり、大きく曲がるラインが残りにくいということで、それだけ次のパットがやさしくなるというメリットもあるからです。

ところが、「常に高い方に打たなくてはいけない」「低い方に打ってはいけない」と思っていると、意識が過剰になって下りや曲がりの大きい難しいラインが残りやすくなります。ロングパットを構えたところより大きく膨らませて打ち、3パットしてしまう人をよく見かけますが、同じ距離を残すなら、下りより上りのほうがやさしいというのを忘れないでください。

もちろん、「入れにいくショートパット」は、どんなレベルでも「低い方に外さない」努力をしてください。でも距離感に自信のないうちは、アマラインに残してもいいから3パットを避けるというマネージメントを心がけましょう。

アマラインに外すと上りのやさしいラインが残りやすい

自分のイメージしたライン、ストロークを信じる

ショットと違って、パッティングは「真っすぐ打ち出す」ことしかできません。パットの打ち出しというのは、どんな状況においても直線。それにもかかわらず、自分で読んだラインより右に押し出したり、左に引っかけたりする人がとても多いようです。

実際には、「カップ1個のフック」と読んだのに、構えてから「もう少し曲がりそう」と押し出したり、「そんなに曲がらないな」と引っかけたりしてしまうわけです。

しかし、このようにイメージしたライン、イメージしたストロークをやり切れないでいると、いつまでたってもパッティングの精度は上がりません。やり切れなかったパットには、自分へのフィードバックが少ないからです。

もしあなたが「カップ1個のフック」と読んでイメージどおりに打ち、左に外したとします。外れた原因はリーディングですから、「薄く読むクセ」を直せばいいわけです。同じように、イメージしたラインに強く打って右に外れたらタッチのミス、左右に外したら

方向性のミスですから、そこを修正するとパッティングの精度は少しずつ上がります。

ところが、構えてから狙いを変えたり打ち出す方向を変えたりしたら、仮にそれが入ったとしても入らなかったとしても、その原因を特定することはできません。その結果、いつまでたっても読みもストロークも向上しないことになるわけです。途中で迷いが出たときは、スロープレーにならない程度に仕切り直しをしたりして、適当に打たないことが大切です。

パッティングが上手くなりたかったら、常にイメージしたライン、ストロークを信じてやり切り、構えたところに真っすぐ打ち出すように努める。これを忘れないでください。

第5章のまとめ

◎パターの形状、グリップ、長さは自分のストロークに合わせる。

◎どんなショートパットでも、「外れる可能性がある」と考えておく。

◎「入れにいく距離」は２ｍのやさしいラインまでにしておく。

◎同じパッティングは二度とない。

◎ロングパット用、ショートパット用、そして打ち切れないミスを防ぐための素振りを使い分ける。

◎ほとんどの場合、ピンは“さしたまま”のほうがメリットは大きい。

◎ラインの下側には絶対に打たないようにする。

◎自分のイメージしたライン、ストロークを信じる。

青春新書 PLAYBOOKS

人生を自由自在に活動《プレイ》する

人生の活動源として

いま要求される新しい気運は、最も現実的な生々しい時代に吐息する大衆の活力と活動源である。

文明はすべてを合理化し、自主的精神はますます衰退に瀕し、自由は奪われようとしている今日、プレイブックスに課せられた役割と必要は広く新鮮な願いとなろう。

いわゆる知識人にもとめる書物は数多く窺うまでもない。

本刊行は、在来の観念類型を打破し、謂わば現代生活の機能に即する潤滑油として、逞しい生命を吹込もうとするものである。

われわれの現状は、埃りと騒音に紛れ、雑踏に苛まれ、あくせく追われる仕事に、日々の不安は健全な精神生活を妨げる圧迫感となり、まさに現実はストレス症状を呈している。

プレイブックスは、それらすべてのうっ積を吹きとばし、自由闊達な活動力を培養し、勇気と自信を生みだす最も楽しいシリーズたらんことを、われわれは鋭意貫かんとするものである。

―創始者のことば― 小澤和一

著者紹介

小野寺 誠〈おのでら まこと〉

1970年8月17日生まれ。16歳で渡米、江連忠プロに師事しながら、ゴルフの本場で最新のスイング理論を学ぶ。21歳で帰国し、1996年にプロテスト合格。以後、江連忠プロの下で片山晋吾プロのコーチを経て、独立。男女プロゴルファーのコーチングやキャディ、アマチュアへの指導まで精力的に行っている。

ゴルフ
次《つぎ》のラウンドから結果《けっか》が出《で》る
パッティングの新《あたら》しい教科書《きょうかしょ》

青春新書 PLAYBOOKS

2019年 8 月10日　第 1 刷

著　者　小野寺《おのでら》 誠《まこと》

発行者　小澤源太郎

責任編集　株式会社プライム涌光

電話　編集部　03(3203)2850

発行所　東京都新宿区若松町12番1号 〒162-0056　株式会社青春出版社

電話　営業部　03(3207)1916　振替番号　00190-7-98602

印刷・図書印刷　製本・フォーネット社

ISBN978-4-413-21140-6